孝 시와 수필 시리즈 11

할머니와 손자 II

할머니와 손자 Ⅱ
孝 시와 수필 시리즈 Ⅱ

초판 1쇄 발행 2023년 12월 11일

지은이 고영기
펴낸이 장길수
펴낸곳 지식과감성#
출판등록 제2012-000081호

교정 김서아
디자인 강샛별, 정윤솔
편집 정윤솔
검수 정윤솔, 윤혜성
마케팅 김윤길

주소 서울시 금천구 벚꽃로298 대륭포스트타워6차 1212호
전화 070-4651-3730~4
팩스 070-4325-7006
이메일 ksbookup@naver.com
홈페이지 www.knsbookup.com

ISBN 979-11-392-1496-3(04810)
ISBN 979-11-392-1494-9(세트)
값 17,000원

• 이 책의 판권은 지은이에게 있습니다.
• 이 책 내용의 전부 또는 일부를 재사용하려면 반드시 지은이의 서면 동의를 받아야 합니다.
• 잘못된 책은 구입하신 곳에서 바꾸어 드립니다.

지식과감성#
홈페이지 바로가기

孝 시와 수필 시리즈 II

할머니와 손자 II

일효(一孝) 고영기 박사

지식감정

목차

서문　　　　　　　　　　　　　　　　　　8

1부
인생이 진리를 안다면

"덕분에"와 "때문에"	12	우리 할머니 인생	22
인생이 진리를 안다면	13	욕심이 넘치면	24
내가 시를 쓰는 이유	14	어떤 선택	25
우체통을 보면서	15	인생의 성공과 행복	26
섬진강에 홍수가	16	삶의 깨달음	28
주인 없는 고무신	17	가장 가까운 사람에게 잘하라	30
부꾸미 전	18	나의 꿈은	31
딸기밭에 가면	19	허수아비	32
감을 보면	20	만병 치료제를 보고서	33
손자야 하고 부르는 소리	21		

2부
세상의 진리

할머니 집 앞 보리밭	36	충고 한마디	48
그림자	37	빈방	49
내 할머니, 우리 할머니	38	마음의 상처	50
할미꽃 무덤	39	할머니가 손자에게	51
명심보감을 보면서	40	작은 별이 되어	52
설을 앞두고	42	세상의 진리	53
내가 실패한 이유	43	이불 속 밥 한 그릇	54
하얀 고무신	44	마지막 수업	56
홍시	45	그대 있으매	57
당신의 사랑	46		

3부
당신 생각

낙관과 긍정을 알면	60	누구인가	71
펑펑 눈이 내리는 날에	61	인생의 행복	72
행과 연의 시가	62	할머니와 깊은 잠	73
봄비	63	새해 떡국을 먹으며	74
선택의 중요성	64	메멘토 모리 Memento mori	76
나의 장점은	66	동지 팥죽	77
개구리의 울음소리	67	인간다운 삶이란	78
시를 공부하며	68	새해를 맞으며	80
소중한 사람	69	당신 생각	82
참된 효 인생	70		

4부
내가 다시 인생을 산다면

어린 시절에	86	나는 행복한 사람인가	96
섬진강 아지랑이	87	그리움	98
흰 두루미	88	좋은 하루	100
동생의 위암 소식을 듣고	89	마지막 마음	101
근고지영根固枝榮	90	허공에 불러 보는 이름이여	102
효 전도사의 각오	91	드리고 싶은 돈	104
내 나이 벌써 70대라니	92	인생 살아 보니	105
연약한 모습을 보면서	93	물질보다 사랑스런 마음	106
내가 다시 인생을 산다면	94	지혜로운 사람	107

5부
지나온 길 회상

1. 계영배戒盈杯와 효 정신 … 112
2. 나는 장차 무엇을 위해 살 것인가 … 117
3. 노년에 대가가 된 모지스Mosies 할머니 … 120
4. 무항산 무항심無恒産 無恒心 … 129
5. 부모·자식 간 신뢰와 명문 가정 … 132
6. 선진 국가와 효孝 교육의 중요성 … 138
7. 선택과 집중 … 143
8. 안씨가훈顔氏家訓에 나온 행복 … 146
9. 정말 소중하고 중요한 것 … 149
10. 좋은 관계가 행복을 만든다 … 153
11. 지나온 길 회상 … 159
12. 행복의 비결 … 163
13. 효와 인도人道 자본주의 … 165

내 책은 내 삶을 보여 주고 있습니다.
내 책에는 나의 마음이 적나라하게 나타납니다.
내 책은 나의 삶을 정리하는 작업입니다.

나는 책을 쓰면서 자아 성찰을 통해 내 자아를 실현하려고 노력하고 있습니다. 장손으로 태어나 조상의 희생 덕분으로 어려운 중에도 귀하게 자라 세상의 어려움을 모르고 살았습니다. 너무 늦게야 세상을 알았습니다. 효의 중요함을 모르다 조상들이 돌아가신 뒤에야 알았습니다.

늦게나마 조상의 고마움을 깨닫고 조상께 효를 실천하지 못한 후회와 조상의 덕을 추모하고자 글로 표현하면서 오직 나만이 가진 내면의 글을 쓰고 있습니다. 그래서 두 분 할머님이 주신 아름다운 추억을 시나 수필로 나를 고백하면서 인생에 교훈적인 내용을 읽는 이에게 전하고자 글을 썼습니다.

이 책은 나에 대한 성찰뿐만 아니라 오늘의 나를 있게 해주신 조상에 대한 고마움과 나의 회한의 글로 구성되어 있습니다.

수필 형식으로는 《인간의 길 孝의 道》, 《별이 되어 지켜주시는 할머니》로, 시 형식으로는 《별과 손자와 할머니와 詩 1, 2》를 이미 발행하였습니다. 그러나 이번은 각 1권, 2권마다 시와 수필을 함께 묶어 책을 만들었습니다.

이 책을 오직 나만이 가질 수 있는 어릴 때의 아름다운 추억을 심어 주시고 지금도 천상에서 나를 응원하고 계실 박현경(朴賢卿) 증조할머니(1881-1964)와 이일효(李一孝) 할머니(1907-1980)께 바칩니다.

2023년 12월
일효(一孝) 고영기 박사

1부
인생이 진리를 안다면

"덕분에"와 "때문에"

오로지 손자 하나만 바라보고
사신 할머니가
나에게 주신 나침판은
문화유산으로 남아
가슴 깊이 살아 있다

어려서는 할머니 '덕분에'
성장해서는 할머니 '때문에'
내가 이처럼 살아 있는데

살아생전에 좋았던 추억들은
혼자가 아니었는데
지금은 무슨 소용이 있는가

이제야 후회한들
무슨 소용이 있는가
오늘따라 할머니가 더 보고 싶다

인생이 진리를 안다면

지나치게 명예와 부귀영화를
꿈꾸고 살지 마라
인간의 욕심은 끝이 없기에
세상에 만족은 없다

행복을 꿈꾼다면
마음을 비워라
비우고 살다 보면
모든 것이 감사하고 행복하다
이것이 인생 진리가 아닌가

내가 시를 쓰는 이유

내가 시를 쓰는 이유는
할머니에 대한 그리움 때문이다

작은 것에서부터 하나하나
힘든 인생길에
할머니의 말씀이 생각이 난다

시를 쓰면서
바른길을 찾아가는 것이
내 영혼의 몸부림이다

언젠가 내 생이 다하는 날까지
할머니를 생각하며
시를 쓰는 이 길을 가리라

우체통을 보면서

집 앞 사거리에
홀로 서 있는 우체통을 보면서

누굴 기다리는지
찾아오는 사람 없으니
그리움에 편지는 누굴 위해서 쓰나

한참을 기다려도
사랑의 편지는 소식도 없다

오늘은 외롭게 서 있는
우체통을 보면서
하늘에 계신 할머니께
편지를 쓰고 싶구나

섬진강에 홍수가

장맛비는 며칠째 계속 내리고
집 앞 섬진강 물은 흙탕물로 얼룩져
성난 파도처럼 거세게 흘러간다

강 건너 먹을 것 가지러 간 김 서방은
장맛비에 갇혀서
오도 가도 못하고
발만 동동 구르네

기다리는 부인은 아쉬운 손만 흔들고
이별의 정도 모르는 홍수는
언제 어디로 갈까
날 원망하지 마라 하네

주인 없는 고무신

세상 살다 보니 우습구나
별것도 아닌 고무신 한 켤레가
추억으로 피어나니

오랜만에 흰 고무신이
외출을 할 모양이구나

마루 밑에서 가지런히 놓여 있던 것이
주인 잃고
이제 어디로 가나
그 신세 처량하기만 하네

나도 갈 곳 없어지면
고무신처럼
처량해질 신세인가
한참 생각에 잠겨 본다

부꾸미 전

나무 태워 어렵게 만든 숯 덩어리
불붙여 빨간 숯불 위에 놓인 지짐이 판

판 위에 아껴 둔 기름 정성스레 뿌리고
수수 갈아 만든 반죽을 판 위에 깔고

손자 주려 정성스레
부꾸미 만드시는 할머니 손
그 모습 지금도 어제같이 눈에 선하네

그 정성으로 오늘날 건장한 내가 있네
할머니의 정성으로 내가 있지
지금도 기억 속에 살아 계신 할머니
우리 할머니

딸기밭에 가면

멀리 떨어진 읍내
초등학교에서 돌아오면
딸기밭에서 일하시던 할머니가
귀여운 손자를 위해서
제일 큰 딸기를 따 주신다

입에다 넣어 주고
좋아서 웃으시는
할머니가 지금 그립구나
그 사랑의 정성으로
오늘의 내가 있다

우연히 시장에서 큰 딸기를 보면
할머니 입에다 넣어 드리고 싶은 마음이
가슴속에 피는데
지금 할머니는 먼 곳에 계시니
언제나 만나 볼 수 있을까

감을 보면

계절이 부끄러워
익어 가는 감을 보면
나도 얼굴이 빨갛게 익어 간다

할머니가 보내 주신 감을 보면
사랑이 듬뿍 들어서
더 빨갛게 물들어 있구나

한 입 먹기에도 목이 메어
불러 보는 할머니가
꿈에라도 고향 집 감나무 아래
앉아 계실 것만 같아
눈물이 난다

손자야 하고 부르는 소리

손자야 내 손자야 하고
부르는 소리에
잠이 깨어 눈을 뜨니
꿈이었다

이렇게 잘 자라 주어서 고맙다는 말씀
'뭐든지 더 주고 싶어도
줄 것이 없어서 미안하다'는 말씀이
날 울린다

할머니 마음은
건강하고 훌륭하게 자라 주어서
너무 좋다고 하신다

언제나 할머니는
내 생각뿐이시다
살아서도 죽어서도
잊지 못하는 손자 녀석에게
사랑을 주시고 계신다

우리 할머니 인생

수많은 억겁 속에
어쩌다 할머니와 나는
인연이 되었을까

인간이면 누구나 가야 할
험한 가시밭길도
피하지 못하고
뜻도 펴지 못한
할머니의 모습이 눈에 선하구나

그 가시밭길에
도움도 되지 못한
못난 손자는 아픔만 드렸다

할머니는 당신의 뜻도
선택의 기회도 없이
어르신들과 자손들 등살에
인간다운 삶도 못 누린
한 많은 인생길을 사셨다

난 인생을 너무 늦게 알아
왜 효도를 못했을까
한없는 자책으로 번민의 하루를 보낸다

할머니가 너무 보고 싶다
세상 하직하는 날
기쁜 마음으로
할머니를 뵈러 갈게요

욕심이 넘치면

세상 사람들은 부귀와 명예와 권력을
끊임없이 추구하며 산다

인간의 욕심은 끝이 없기에
욕심은 줄이고
겸손하게 살아가면서
교만을 멀리하고

자기 분수에 맞는 생활로
행복의 꽃을 피우며 살자

살다 보면 분수를 벗어난 과욕으로
탐욕으로 얼룩져
나락으로 떨어진
삶을 살기도 한다
행복은 그냥 오는 것이 아니다

어떤 선택

우리는 세상을 살아가며
하루에도 여러 번 선택의 기회가 온다

중요한 선택부터 하찮은 선택까지
선택의 연속이다

할머니가 때론 내 마음의 기둥이 되어
중심을 잡아 좋은 선택을 인도해 준다

누구나 험한 세월을 살아가며
여러 가지 어려움들이
불안 초조 두려움으로
밤잠을 설칠 때도
할머니는 흉한 길을 피하도록
안내해 준다

내 영원한 마음의 등불이신
나의 할머니가 주신
올바른 선택이다

인생의 성공과 행복

인생의 성공과 행복은
부귀영화로만 알고 살아왔네

부자가 되기 위해서
명예를 위해서
수단과 방법을 가리지 않고 살았네

그러나 세월은 기다려 주지 않고
어느새 70대가 되었네
그 세월 속에 하고자 하는 일을 하면서도
법도를 넘지 않도록 노력했네

인생 뒤돌아보니
인생의 성공과 행복은
자기 주변에 가까이 있는 사람들에게
잘하는 것이네

하지만 나에게 가장 가까운 할머니는
내 곁을 떠나가신지 오래되었네

인생은 두 번 다시 올 수 없기에
뒤늦게나마 깨달았으니
이제 실천하며 살아야겠네

삶의 깨달음

행복은 어디에서 오는가
희망에서 오는가
희망을 가지려면
분수와 도리를 지켜야 하며
꿈이 있다면 성공할 수 있다

감사하고 나누고 봉사하는 마음은
부자 마음이고 행복의 시작이다
좋은 관계를 가지려면
좋은 사람을 고를 수 있는
능력과 안목이 있어야 한다

행복하려면 행복할 수 있는
일을 하여야 한다
마음을 열면 행복이 들어온다
육신은 늙어도 사랑의 감정은
늙지 않는다

'화살은 심장을 관통하지만
독설과 매정한 말은
영혼을 관통한다'는
스페인 격언을 마음에 지니며
말을 항상 조심하며
살아가야 한다

독서하는 목적은
훌륭한 작가의 생각에
내 생각을 합쳐
나의 삶에 적용하기 위함이다
앞으로 인생에 나침판 되는
좋은 책 골라 독서하며
지내고자 한다

가장 가까운 사람에게 잘하라

행복은 멀리서 찾지 말고
가장 가까운 곳에서 찾아라
비록 물질적으로는 부족해도
정신적으로 행복하게 사는 사람도 많다
자기 처지에 만족하며
자기에게 가장 가까운 사람들과 잘 살며
어울림으로 효를 한다

이제 70 평생을 살아오면서
행복은 효에 있음을 깨닫는
나의 외침이다

나의 꿈은

할머니가 살아 계신다면
내가 못다 한 마음의 빚을 갚고 싶다
살아생전에 효도 한 번 제대로 못한 것이
아쉬움에 죄이구나

내가 죽고 난 후
다시 할머니를 만날 수 있을까

허수아비

저기 황금 들녘에 홀로 서 있는 허수아비
누굴 기다리며 외로이 서 있을까
두 팔을 벌리고 서 있는 모습이
누굴 껴안고 싶어서일까

새 쫓는 할머니의 걱정을 덜어 주려고
뙤약볕에 하루 종일 서 있는 너는
나를 대신해서 할머니를 도와주는
천사처럼 들판을 지킨다

무슨 옷을 입혀야 새들이 무서워할까
하루 종일 외로운 너에게
추수가 마치면 네 고생도 끝나겠지

너도 긴 동면에 들어가면
그땐 너에게 고마운 마음으로
좋은 잠자리를 보내 줄게

만병 치료제를 보고서

몸에서만 나오는 4가지 "만병 치료제"
사랑할 때 나오는 '도파민'
웃을 때 나오는 '엔돌핀'
편안할 때 나오는 '세로토닌'
즐거울 때 나오는 '다이돌핀'

할머니는 이 치료제가 없었으니
온갖 고난 중에
돌아가셨지
나는 행복한 사람이야

할머님이 못 쓰신 이 치료제를
내가 다 쓰고 있으니
나는 장수할 거야
할머님이 아끼고 못 쓰신
치료제를 쓰고 있으니

할머니 집 앞 보리밭

할머니가 보고 싶을 때는
할머니 집 앞 보리밭을 생각한다

내 어릴 적 보리 새싹을 밟아 주며
보리 싹이 잘 자라기를 바라는 마음이
지금도 눈에 선하다

어린 보리 싹으로 된장국을 끓여서 주시던
할머니의 손맛을 어디서 맛볼까

내 키만큼 자란 보리가 누렇게 익어
들판을 수놓으면 보릿고개를 달래려고
보리를 잘라 불에다 구워서도 먹고 자랐다

꿈에라도 보고 싶은 할머니의 보리밭이
지금은 영원히 내 기억 속에
황혼을 달래는구나

그림자

하루의 고된 농사일을 끝내고
논두렁길을
점심 먹은 밥그릇을 머리에 이고서
힘들게 가신다

말없이 조용히 따라나서는 그림자가
할머니의 힘든 고통을 알까

삶에 지친 모습이
인생길을 걷는 것처럼
그 그림자 다시는 볼 수 없구나

내 할머니, 우리 할머니

난, 어떤 모진 세파에 시달려도
할머니란 방패가 있어
세상이 무섭지 않았다

나도 나이를 먹을수록
세상살이가 어려움은 많아지고
방패가 없다는 것을 알았네

지금은 비록 낡고 쓸모없는 방패지만
내 옆에 계신다면
얼마나 좋을까
내 할머니 우리 할머니

할미꽃 무덤

4월의 산속 할머니 무덤에는
할미꽃이 누굴 기다리나

고개 숙이고
외롭게 서 있구나

언제나
손자를 위하고
주변 사람들을 위해서는

좋은 일에 사랑을 멈추지 않으신
할머니의 살아생전 모습처럼
오늘도 손자 오기를 기다리시네

명심보감을 보면서

가장 가까이 있어도
할머니 마음 이해 못하고 살아온 인생
받고만 살았지 받은 사랑만큼
갚을 줄 모르고 살았구나

말로는 수많은 상처를 드린 손자인데도
사랑으로 감싸 주신 할머니는
안 계시니 그 빈자리가 너무 크구나

지금 곁에 계시기만 하여도 좋으련만
안 계시니 그리운 마음이
손자를 위해서 정화수 떠 놓고 비시는 마음도
더 못 주어서 섭섭하고
더 못 먹여서 안타깝고
더 줄 게 없나 걱정이시다

이런 할머니 마음은
마음의 등불 노릇만 해 주셔도
너무 행복할 텐데
이는 명심보감에서 가장 중요한
'선善'을 행하라는 가르침을 보여 준다

할머니는 가르침을 먼저 몸소
실천으로 수행하셔서
그 밑에서 배운 사람들이
세상을 일깨우게 해 주셨다

설을 앞두고

왠지 설이 다가오면
마음부터 설렌다

때때옷 갈아입고
세뱃돈 받고 싶은 마음에
기다려지나 보다

어릴 적 고향 집
설 준비에 바쁘신 할머니의 모습이
꿈에 보이네

시간을 돌려
그때로 돌아간다면
얼마나 좋을까

내가 실패한 이유

내가 실패한 이유는
적성에 맞게 목표 설정을 못 하고
내 위치를 생각하지 않고
나만 알고 지냈다

주위에 조언자와 협력자가 없었으며
우물 안 개구리처럼
넓은 세상을 보지 못했다

내 능력을 제대로 평가하지 못하고
다른 사람의 얘기에 경청하지 않았다

그래서 우물 안 개구리가 되어 실패했다
왜 그랬을까
지피지기면 백전백승이란 말도 있는데
실천 못 해 난 실패했다

오늘은
할머니가 그립구나

하얀 고무신

마루 밑에 가지런히 놓인
하얀 고무신이
아마 오랜만에
외출을 하려는 모양이다

외출 갔다 오면 깨끗이 닦아서
신주 모시듯 방 안에다 놓아 둔
하얀 고무신이

지금은 주인을 잃고
어디로 갈 줄 모르는 신세가
처량하기만 하네

이런 날에는
하얀 고무신처럼
나의 신세도 처량해지네

홍시

할머니가 보내 주신
택배가 날 찾아왔네

정성스레 포장된 박스를 열어 보니
할머니의 사랑이 듬뿍 들어
감들이 더 빨갛게 보인다

생각하니
고향 집 우물가 감나무에
주렁주렁 매달린 빨강 감들

지금도 나의 꿈속에서
할머니와 함께 나타나네

당신의 사랑

사나운 개도
할머니가 밥을 주면
꼬리를 흔들며 좋아한다

어쩌면 시들시들 죽어 가는 식물도
할머니가 물을 주면
다시 싱싱하게 살아난다
그 비결이 무엇일까

이제 나이 들어 생각하니
그 비결은 진심으로 아껴 주는
사랑의 마음이었네
할머니의 위대함은
사랑으로 모든 사물을 대함이었네

사랑을 줄 수 있는 사람은
모든 사물을 소중히 여기며
옆에만 있어도 포근함을 느끼네

사랑은 사랑을 낳아서
이 손자에게 전해졌네

충고 한마디

열심히 사는 사람에게
무엇 때문에
그렇게 바쁘게 사는가
묻고 싶다

성공도 하고 행복도 찾아야 하고
바쁘게 살지 않으면 찾아오나요

바쁘지 않으면서도
성공도 하고 행복도 즐기려면
가장 가까운 사람에게 잘해 드리게
그게 행복과 성공을 가져다주는
지름길이라네

사랑으로 지켜 주는 사람이 있는 사람은
어떤 역경이 와도 무너지지 않는다

그 사람이 바로
그대에게 가장 가까운 사람이라네

빈방

삼십 년 직장 생활에
3칸짜리 아파트 한 채
나의 방 하나
집사람 방 하나
아들 방 하나인데

왠지 집 안이 분위기가 썰렁하다
아들은 머나먼 외국에 나가 있으니
아들 방은 책꽂이만 남아 있네

가끔은 아들 방을 열고서
책장에 꽂힌 책을 보며
주인 없는 빈방에
아들 이름 불러 보네

마음의 상처

살다 보면
마음의 상처 없는 사람 있겠는가

어차피 인생은
마음의 상처를
가슴에 묻고 가는 것이다

상처가 깊든 상처가 얕든
자신만이 삭이고 간다

모든 것이
마음먹기에 달려 있다
긍정적으로 생각하면
쉽게 극복할 수 있다

마음의 상처도
긍정이 꽃피는 세상처럼
오늘도 긍정적 마음으로
즐거운 하루를 보내고 살자

할머니가 손자에게

고맙구나! 내 손자야
항상 할머니를 잊지 않으니

미안하구나! 내 손자야
내가 더 이상 해 줄 게 없으니

그래도 손자야
항상 너를 잊지 않고 있으니
얼마나 좋은 일이냐

항상 혼자라는 생각을 하다가도
네가 마음속에 있으니
외롭지 않구나

작은 별이 되어

세상에 내가 원하는 게 하나 있네

이 몸이 죽으면 별이 되어

밤하늘의 할머니별 옆에

작은 별이 되어

후대들에게

할머니와 손자 이야기를

들려주고 싶다

세상의 진리

세상도 자기를 사랑해 주는 사람이
있는 것과 없는 것의 차이는
인성의 진리가 마음에서도 나타난다

힘든 일도 참고 견디며 가는 사람과
조금만 힘들어도 포기해 버린
좌절의 아픔이 진리이다

모든 세상이 좋은 일만 있겠는가
가다 보면 힘들어도 승리의 꽃이
당신의 행복을 기다린다

이불 속 밥 한 그릇

무명 솜을 가득 넣은 솜이불에
증조할머니, 할머니와 손자인 나랑 셋이서
그 이불을 덮고
기나긴 겨울밤을 보낸 어린 시절이 그립다

아궁이에 지핀 군불이 꺼져 가는 날에도
아랫목에 이불은 자리를 잡고 누워 있다

아랫목엔 손자 배고플까
걱정하는 할머니의 사랑 한 그릇이
이불 속에 숨어 있다

새벽녘에는
화롯불에 놋그릇 올려놓고
생달걀과 참기름에 비벼 주시던 할머니

그때가 엊그제 같은데
세월에 묻혀
두 분 할머니는 곁에 안 계시네

두 분 할머니의 사랑을 먹고 자란
어린 손자가 이제 70대가 되었으니
다시는 그런 세월은 오지 않겠지

내 나이 70대가 되니
인생 행복은 누구와 가느냐가
중요함을 깨닫네

마지막 수업

오늘은 우리가 인연을 맺고
한 학기를 시작한
마지막 수업일이다

가르침을 주면서도
많은 것을 생각한다

무슨 인연으로 수업을 함께한 몇 개월이
옷깃만 스쳐도 인연이란 말이 있듯이
우리의 인연은 많기도 하다

이제 헤어지면 언제 또 만나나요
부디 언제 어느 곳에 가더라도
건강하게 행복하길 바라면서

이번 마지막 수업은
다시 새로운 인생 시작을
알리는 시간이다

그대 있으매

언제나 내 마음속 가득한 부자처럼
당신을 향한 사모의 마음은 넘치는데
당신은 알고 계시나요

때론 마음이 고통에 있을 때도
그대 생각만 하면
마음이 평화로워지는 것을

고요하고 행복한 마음을
그대에게 드리고 싶네요

살면서 힘들고 어려운 일이 생겨도
그대가 곁에 있다면
베풀어 주신 사랑을 생각하며
이겨 내면서
항상 즐겁게 행복을 찾아
살아가겠습니다

3부
당신 생각

낙관과 긍정을 알면

우리가 살면서
낙관하는 마음을 가지면
긍정심이 생기고
낙관하는 습관을 가지면
점점 더 낙관적이 되네요

혼탁한 세상에서
낙관과 긍정으로 살아가요
이것이 행복에 이르는
길이 아닌가 싶네요

펑펑 눈이 내리는 날에

어릴 적 시골 할머니 댁에서
창구멍으로 보면
하얀 눈송이가 펑펑 내린다

그때를 생각하면
지금 내 아파트 유리창 밖에도
펑펑 내리는 눈이
사연이 있는 것 같다

가만히 보면
두 분 할머니가 눈이 되어
내리니

증조할머니와 할머니를 생각하면
사랑의 힘으로 겨울을 이기고 살았는데
이제는 그리움의 힘으로
조용히 잠이 든다

행과 연의 시가

글자들이 옆으로 걸어가면 행이고

글자들이 아래로 쌓여 가면 연이다

시도 행과 연으로 이루어지지만

시가 걸어갈 행과 연이 있어야 한다

인생도 마찬가지다

그런 의미에서 인생도 한 편의 시다

그 시 속에 누가 있을까

봄비

봄을 재촉하는 비가 내리네
할머니 집 앞
파릇파릇 생기가 나는 보리밭에
하늘에는 종달새가 지저귀고

옆집 영애와 손잡고
보리밭 길을 걸으며
소꿉장난도 하였지

곧 매화나무 개나리꽃도 필 텐데
세상만사 제쳐 두고
어릴 적 동심의 세계로 가고 싶어
오늘도 아지랑이 속을
그녀와 걷고 싶다

그러나 내 봄은
길을 잃고 돌아올 줄 모른다

선택의 중요성

인생은 B(탄생)-C(선택)-D(죽음)라 한다
할머님은 여성으로 태어나 온갖 고생을 하면서도
자기 스스로 선택할 수 있는
기회는 없었던 인생이었다

선택이 없는 인생
이것보다 더 불행한 것은 없다

할머니는 불행한 시대에 태어나
선택 없는 삶을 살았기에
이것이 손자의 마음을 더 슬프게 한다

나이 들어 보니 옛날의 나와 다른 점은
개인의 정신력이나 노력을 벗어나
다른 타력의 힘이
오늘의 나를 있게 해 줬다는
깨우침이다

오늘의 나는
사랑의 음덕으로 깨우침을 주신
할머니의 유일한 분신일지도 모른다

나의 장점은

생각해 보니 나의 장점은
어떤 어려운 상황에서도
나를 극복하려는 노력과
목표에 대한 집중력이다

과거의 경험에서 얻은 교훈으로
새로운 기회를 만들려는 집념도
빼놓을 수 없다

할머니가 주신 어릴 적 사랑과
천혜의 아름다운 자연환경에서 얻은
몸에 밴 풋풋한 인간 냄새가
나의 은근한 매력의 하나다

그러나 어려운 사람 도우려는
정이 많고
따뜻한 인간애가
나만의 최고의 장점이 아닌가 싶다

개구리의 울음소리

개골 개골 개골 우는
개구리의 울음소리가
밤새도록 멈추지 않고
목 터져라 운다

울다가 지치면 쉬었다가 다시 운다
무슨 사연이 많아 우는지 모르지만
울지도 못한 나보다 낫구나

아마 먼저 가신 애미 그리워서
밤새 울었을까
밤새 할머니가 보고 싶은 내 마음 알고
나 대신 울어 주었을까

개골 개골 개골
밤은 깊어 가고
그리움도 깊어 가는구나

시를 공부하며

시를 공부하며 욕심내어 많이 한다고
시 능력이 갑자기
커지는 것은 아닌 것 같다

무엇을 생각하고
주제가 무엇인가를 알고
시를 창작하느냐가 중요한 것 같다

그런 다음에는
나만의 스타일대로 쓰는 것이
순수한 창작이 아닌가 싶다

소중한 사람

당신에게 잘해 주는 사람에게
소홀하지 마세요

일평생 살아가며
그런 사람 만나기 쉽지 않아요

사람 하나 놓치면 더 찾을 수 없어요
서로 옆에만 있어도 행복한 사람
그래서 있을 때 잘해야 합니다

나에게 소중한 사람은
대단한 능력을 가진 사람이 아니라
함께 먹고, 자고, 대화 나누는
바로 가장 가까이 있는 사람입니다

참된 효 인생

참된마음 가지고자

마음먹고 살지만은

타인들을 의식말고

효도만을 생각하며

나를위한 행동인가

다시한번 돌아보며

허례허식 생각말고

실속있게 살아가자

누구인가

너란사람 누구인가

묻는자가 있는데도

자신있게 대답하지

못하였네 나의존재

증명하는 유일한건

나를낳아 키워주신

조상님의 은혜인데

우리눈에 안보이나

매순간이 안보이나

조상님의 은혜속에

매일매일 살아가네

인생의 행복

인간 모두의 목표는
모두 다 행복하게 살기 위해서다

행복하기 위해서는
매사 즐겁게 살아야 한다

즐겁게 살아가기 위해서는
분수에 맞는 행동과 처신으로
잘 먹고 잘 자며 즐거운 일을 하며
살아가야 한다

이보다 더 나은 행복을
어디서 찾을 수 있을까

할머니와 깊은 잠

이렇게 추운 날에도
할머니가 남겨 주신
캐시미어 담요를 덮고 있으면

할머니의 따뜻한 정이
나의 몸에 느껴지며
사랑으로 감싸 주는 사랑에
따뜻하게 잠을 잘 수가 있다

캐시미어 담요 속에서
세상의 잡다한 생각을 잊고
나와 할머니 두 사람만의 세계에서
깊은 사랑의 잠에 빠진다

새해 떡국을 먹으며

100년 전만 해도 태어난 아이가
열 살을 넘기지 못하고
죽는 경우가 많았다고 한다

그 당시 간절한 바람은 건강과 장수였다
살아남기 어려운 시대에 살아남는 것은
축복해야 할 일이다

새해에도 살아남아 있기를
복도 많이 받기를 바라면서
사람들은 떡국을 먹었다

이렇게 어렵게 살아남은
선대들의 후손이 오늘날 우리다

떡국을 부르는 다른 이름이
첨세병添歲餅이다
더할 첨, 나이 세, 떡 병
즉 나이를 한 살 더 먹는 떡이라는 뜻이다

떡국을 먹으면
한 살 더 먹는다는 말이
여기서 나왔다

살아남았으니 한 살을 더 먹을 수가 있다
옛사람들은 다행이라고 생각했다
나이를 먹는 것은 살아 있는 사람들의 특권이다

나는 오늘도 수많은 병마를 이겨 내고
살아가고 있으니
이 복은 조상의 은덕이 아닌가 싶다

메멘토 모리 Memento mori

죽음을 기억하라는 뜻의
라틴어 문구이다

죽음을 기억한다는 것은
삶의 소중함을
일깨워 주는 말이다

우리는 언제 죽을지 모르는
인간이기에
매 순간순간 죽음을 기억하며
충실하게 살아야 함을
다시 한번 생각한다

동지 팥죽

초등학교 시절 낮은 짧고
밤은 점점 길어지는데
어느 날 할머니가 부엌에서
장작불로 빨강 팥물을 주걱으로 젓고
옆 상 위에는 하얀 새알들이 놓여 있다

빨강 팥물이 거품을 내며 끓자
할머니는 하얀 새알들을 넣으며 계속 젓는다

한참 후 장작불이 모두 다 탄 후
솥에서 팥죽을 한 사발 떠 주신다
그 맛은 지금도 잊을 수가 없다

할머니의 정성과 사랑이 깃든 팥죽을
언제 또 먹어 볼 수 있을까

지금도 나는 가끔 시장을 거닐다가
팥죽집을 보면
할머니의 모습을 그려 본다

인간다운 삶이란

내가 어릴 때에는
배운 사람이란
도덕적으로 완전한 인간
즉 성인군자가 되기를 갈망했다

겉으로는 타인에게
완벽한 인간으로 보이길 원했다

지금 생각하니
도덕적으로 완전한 인간이 될 수 있을까

단지 내면은 감추고 외면적으로
도덕군자처럼 보이길 원했다

이게 위선을 부르고
외면적으로 약점을 감추니
진짜 인간 본성을 보이질 못하고 살아왔다

성인군자가 되기 전에 인간이기에
하루를 즐기면서 살아야 하고
미래에 희망을 가지고 행복하게 사는 것이
진짜 인간다운 삶이 아닐까

새해를 맞으며

하늘의 별이 되어
손자를 지켜 주시는 할머니가
그립구나

오늘까지 건강하게 살게 해 주심에
언제나 감사드립니다

어려울 때마다 옆에 계시면서
극복할 수 있도록
힘을 주신 할머니

새해에도 무사히 손자가 살아가게끔
돌보아 주소서

제가 할머니를 기리며
효에 대해 쓰고 말하는 저의 능력을
함양하도록 힘을 주소서

연말에는 올해도 할머니 은덕으로
손자가 훌륭한 삶을 살았다고
칭찬해 주소서

할머니
사랑하는 우리 할머니

당신 생각

얼마나 내가 당신을
사랑하며 생각하는지
당신은 아시는가
잊지 못하고
가슴에만 그리던 당신

당신을 생각하며
일생을 보냈고
흐르는 세월에
내 인생도 종착점이 보이네

그토록 보고 싶은 당신을
언젠가 만나면
내 인생도 행복해질까

4부
내가 다시 인생을 산다면

어린 시절에

내가 어린 시절에 보낸 고향은
잊을 수 없는 마음의 고향이다

앞에는 섬진강이 흐르고
뒤에는 지리산이 웅장한 자태를
뽐내는 곳이다

어느 곳에서도 찾을 수 없는
천혜의 아름다움이 그려진
그곳에서 보낸 시절이 그리워
다시 갈 수는 없을까

고민처럼 생각한다

섬진강 아지랑이

고향 집 앞을 흐르는 섬진강이
따사로운 햇살에 반사되어

강물에서 안개처럼
피어오르는 아지랑이

그 모양이
보고 싶은
우리 할머니를 닮았네

흰 두루미

섬진강 물가에 홀로 서 있는 흰 두루미
누구를 기다리는지
허공을 바라보고 있네

기다리는 님은 오지 않아 지쳤는지
훨훨 공중으로 날아간다

지금 그 흰 두루미는 짝을 찾았는지
만나서 같이 지내는지
마치 하얀 맑은 내 마음 같은 두루미여라!

흰 두루미처럼 서로 아끼고 사랑하는
맑은 인간 세상이 되면 좋으련만
내 마음은 이제 또
무엇을 그리려 하는지

동생의 위암 소식을 듣고

동생의 위암 소식을 듣고
어릴 때부터 함께해 온
세월을 회상해 본다

나는 형 구실을 제대로 했는가
마음으로 격려하고 칭찬하고
관심을 베푼 적이 있었던가

모든 게 미안하고
죄책감이 들 뿐이다
세상을 보면서
동생에게 해 준 것이 무엇인가

마음속으로
모든 것이 잘되길
기도할 뿐이다

근고지영 根固枝榮

뿌리가 튼튼한 나무가
가지가 번창한다는 뜻이다

인간사도 마찬가지다
조상이 튼튼하면
자손들이 번창한다

그래서 부모들이 효의 모범을 보이면
자손도 보고 배운 은덕으로
알아서 효를 행한다

효 전도사의 각오

나는 효에서 끊임없는
영감을 받는다

매 순간이 소중하고
기록할 가치가 있기에

내 삶의 영혼은 효에 기반하고
효 전문가로서
나만의 삶을 살아가는 축복을 받는다
이 모든 것이 할머니 덕분이다

내가 남은 인생
이루고자 하는 것은

효 전도사로서 혼탁한 세상에
한 줌의 소금 역할을 하고자 하는
마음뿐으로
세상의 빛이 되고 싶다

내 나이 벌써 70대라니

이제 인생이 무언지 알 만하니
내 나이 70대 중반이라

그동안 내가 이룬 것은 무엇이며
남긴 것은 무엇인지
자문자답해 본다

헛된 목표를 세워 추구하느라
보낸 기나긴 세월이 유수와 같아

흘려보낸 세월로 돌아갈 수 없는
젊은 시절
그것이 내 마음을 아프게 하는구나

연약한 모습을 보면서

할머니의 뒷모습을 보면
가냘퍼서 곧 쓰러지실 것만 같았다

그 가냘픈 모습으로
쓰러져 가는 집안을 지탱해 오셨다

지금도 눈앞에 아른거리는
할머니의 가냘프고 연약한 모습이
내 가슴에 상처로 남아 슬프게 한다

이제는 그 모습이라도
영원히 볼 수 없으니
하늘을 보고 눈물을 감춘다

내가 다시 인생을 산다면

다시 인생을 살아갈
기회가 주어진다면
세상을 살아가는 지혜를
먼저 배우고 싶다

명문 학교나 박사가 아니라도
지혜롭게 살아가는
많은 사람을 볼 수 있다

지혜로우면 자신의 갈 길을 알기에
과오와 실수가 적다
그래서 쉬운 인생길을 갈 수 있다

마음속 깊이 효 정신이 싹트면
즐겁고 행복하게 인생길을
갈 수 있다

4대가 함께 살아가던
집안의 장남으로
효의 마음을 망각하고
나만의 삶으로
가족의 어려움을 생각지 않고 살았다

허황된 인생 목적으로
미로만 찾아 헤매다
고난과 수난의 연속이었다

내게 다시 인생이 주어진다면
부귀영화나 명예보다
가장 인간이 해야 할
효의 마음으로 살아가고 싶다

나는 행복한 사람인가

나는 할머니의 극진한
사랑을 받으며 자랐다
오늘의 나는 할머니의
노력의 결실이다

이 세상에 자기를 진정으로
사랑해 주는 사람이
한 사람이라도 있다면
행복한 사람이다
내가 그런 사람 중 하나다

돌이켜 보면 살아생전에
할머니를 보살펴 드리지 못한 나는
항상 마음 한구석에
죄책감을 가지고
살아가고 있다

그런 면에서
나는 불행한 사람이다
행복과 불행이 공존하는
나의 이 모습!
어떻게 해석하며 살아야 하는가

할머니의 사랑이 있으니
그래도 나는 행복한 사람이지

그리움

내 마음 깊은 곳에는
사랑하는 할머니가 있습니다

늦은 밤 잠자리에 들 때도
번민에 잠을 뒤척일 때에도
할머니를 생각하면
평온해지며 잠이 듭니다

왜 그러는지 나도 모르게
늘 나를 응원하고 계신다는
믿음이 있기 때문입니다

어려울 때나 기쁠 때도
내 마음속에 나타나셔서
빛을 밝히시는 할머니

내 안에는 할머니라는
우주가 있습니다

오늘도 당신이 지켜 주시는 덕분으로
무탈하게 하루를 보냅니다

좋은 하루

아침에는
그날 보낼 하루 계획을 짜고

낮에는 계획에 따라
내게 주어진 일을 열심히 하고

저녁에는 무사히 보낸 하루를
감사하며 집으로 오네

밤에는 좋은 꿈을 바라며
잠자리에 드네

좋은 하루가 모여서
인생이 즐겁다면
매일매일 행복한 날들이 되길
염원해 본다

마지막 마음

네가 옆에 있어서
나는 힘들어도 행복했단다

내가 죽더라도 천상에서
너의 행복을 빌어 주마

부디 건강하고 즐겁게 살다가
행복의 꽃이 피는 모습을
다음 생에 만나면
얘기를 꼭 해 주려무나

허공에 불러 보는 이름이여

할머니 할머니 하고
허공에 목메어 불러 보아도
아무런 대답 없는 이름이여!

나에게 텅 빈 가슴을 남긴 채
갑자기 할머니가 돌아가셨다

고매한 인품과 지혜를 펴 보지도 못하고
세상을 떠나시니
내가 방황한 탓인가

살아 계신 것만으로도
내 마음을 꽉 채워 주셨던 할머니!
지금은 손자를 위해
무슨 생각을 하고 계실까

세월이 흐르면
할머니를 잊을 수 있을까

아마 내가 죽어야
잊을 수 있을 것 같다

드리고 싶은 돈

돈이란 무엇인가
할머니는 내가 필요하다면
무조건 주셨다

이제야 생각하니
돈은 사랑의 징검다리인가

세월이 지나 보니
난 할머니 돈만 받아서 썼지
한 번도 드린 적이 없구나

이제는 드리고 싶어도
할머니가 안 계시니
드릴 수가 없구나
언제나 돈을 드리고 싶은 마음
기회가 오길 빌어 본다

인생 살아 보니

인생 살다 보니
수많은 일이 생기네

좋은 일도 나쁜 일도 슬픈 일도 기쁜 일도
예상치 못한 일들이 갑자기 생기네

지혜로운 사람은
자신의 마음을 잘 다스려
무슨 일이든 마무리를 잘한다

지혜롭게 살면 인생의 굴곡이 적어서
고요함 속에서 삶이 이루어지고
그 고요함 속에서 지혜가 나온다

허상을 쫓지 말고
명상을 하고 독서를 하며
후회하지 않게 살고 싶다

물질보다 사랑스런 마음

세상을 보면서
지금 곰곰이 생각하니

할머니가 원하셨던 것은
맛있는 음식보다 돈보다 크나큰 집보다
당신을 생각해 주는
사랑스런 말과 행동이었던 것이다

모든 인간은
사랑 없이는 살 수 없는
존재라는 걸
이제 70대가 되어서야 알았구나

삶이 꽃피려면
그 무엇보다 가장 필요한 것이
사랑이라는 마음이다

지혜로운 사람

인생의 목적은 무엇인가
모든 인간이 각자 다른 목적이 있다지만
공통은 행복하게 사는 것이다

행복하려면 매사에 지혜로운 삶을 살아야 한다
지혜로운 사람은 자신만의 인생 목적을 세우고
달성하는 방법을 아는 사람이다

그동안 지혜롭게 살지 못했기에
나만의 인생 목적을 달성하지 못하고 살았다

이제야 효의 진정한 의미를 알았기에
효가 나를 지혜로운 사람으로
만들어 주고 있다

5부
지나온 길 회상

1.
계영배^{戒盈杯}와 효 정신

살다 보면 누구에게나 물욕, 성욕, 권세욕, 명예욕 등 여러 욕심들이 생겨나기 마련인데 이런 욕심들은 사람의 성장 발전에 큰 자극제가 되거나 추진력이 되기도 하나, 반대로 이런 욕심이 과할 때는 자신을 곤란에 빠뜨리는 함정이 되기도 합니다. 조금은 비어 있는 상태, 약간은 부족한 상태를 유지하면 오히려 삶은 윤택하고 안정적으로 유지될 수 있을 것입니다.

인간의 욕망은 끝이 없기에, 욕망에 일정한 제어를 걸어 주는 건 타인의 원망으로부터 자유롭게 해 주어 현재 상황을 굳건하게 지켜 주는 역할도 합니다. 결핍은 불편한 상태라고 생각되지만, 오히려 결핍이 현재를 유지시켜 주는 원동력이 되기도 합니다. 그러기에 과욕으로 인한 파멸을 미연에 방지하기 위하여 "내 자신을 다스릴 수 있는 것이 있는가?"를 항상 생각해 보아야 합니다. 노자《도덕경》44장의 한 구절에 "지족불욕知足不辱하고 지지불태知止不殆하니 가이장구可以長久하리라.(만족함을 알면 부끄러움이나 치욕을 당하지 않고, 그만둘 때를 알면 위태롭지 아니하니, 오래도록 편안할 수 있다)"라는 말이 있습니다. 인간이 만족할 줄 모르면 항상 부족증에 시달려 마음이 가난한 사람으로 살 수도 있고, 아무리 출세와 명성을 얻어도 불만 속에 사는 사람도 있습니다. 그래서 거기서 벗어나려고 노력해야 한다는 말입니다.

천하의 도덕군자 공자孔子, BC 551-BC 479년가 춘추오패春秋五霸의 한 사람이던 제齊 환공桓公, BC 716-BC 643년의 사당을 찾아갔을 때 일입니다. 환공은 춘추시대 포숙아鮑叔牙의 도움으로 왕위에 올랐고, 한때 환공의 이복형의 편을 들어 자신을 죽이려던 관중管仲을 중용해서 천하의 패자가 되었던 인물입니다. 공자는 그 사당에서 의식 때 쓰이는 그릇 가운데 유난히 눈에 띄는 그릇 하나를 찾아냈습니다. 사당지기에게 물으니 환공이 항상 곁에 두고 본 그릇인 '유좌지기宥坐之器'라고 답했습니다. '가득 채우려 들면 기울어 넘쳐흐르지만 적당한 양을 채우면 반듯이 서는 그릇'으로 공자가 태어나기 거의 한 세기 전에 먼저 세상을 뜬 환공은 천하를 제패하고도 물이 절대로 넘치지 않는 그릇을 곁에 두고 늘 자신의 과욕을 경계했다는 것입니다. 술잔에 70% 이상 술을 따르면 밑으로 몽땅 빠져 버리는 이 잔의 교훈은 모든 사물事物이 정도程度를 지나치면 도리어 안 한 것만 못함이라는 과유불급過猶不及으로 중용中庸을 가리키는 말이며, 공자도 이를 본받아 스스로를 가다듬으며 과욕과 지나침을 경계했다고 합니다.

우리나라에서도 그와 비슷한 비기가 조선 후기 하백원河百源, 1781년-1844년과 도공陶工 우명옥이 만들어졌던 것으로 전해지고 있습니다. 정조 때부터 헌종 때까지 살았던 화순의 실학자 하백원河百源은 전라남도 화순 지방에서 태어나 20세까지 학문을 배우고 23세부터 53세까지 30여 년간 실학 연구에 몸을 바친 과학자·성리학자·실학자였습니다. 그는 계영배를 비롯하여 양수기 역할을 하는 자승차, 펌프같이 물의 수압을 이용한 강흡기와 자명종 등을 만들었다고 합니다.

강원도 홍천 출신의 도공 우명옥禹明玉은 조선시대 왕실의 진상품을 만들던 경기도 광주분원에서 스승에게 열심히 배우고 익혀 마침내 스승도 이루지 못한 설백자기雪白磁器를 만들어 명성을 얻은 인물로 전해집니다. 그 후 유명해진 우명

옥은 방탕한 생활로 재물을 모두 탕진한 뒤 잘못을 뉘우치고 스승에게 돌아와 계영배를 만들어 냈다고 합니다. 계영배는 그 후 정조·순조대의 거상巨商 임상옥林尙沃, 1779년-1855년의 수중에 들어가게 되었습니다. 그는 뛰어난 장사 수완으로 중국을 넘나들며 인삼 무역을 벌여 막대한 돈을 벌었습니다. 그러나 언제나 계영배로 자신의 지나친 욕심을 단속하면서 주변의 굶주리는 백성들을 구제해 나라에서 군수 자리를 제수받는 영예까지 누렸습니다. '조선의 거상'이라는 임상옥에 대한 호칭이 다만 그가 많은 돈을 벌었기 때문만은 아니었던 것입니다.

고대 그리스의 철학자 플라톤Platon, BC 427년-BC 347년은 행복하기 위한 조건으로 아래 5가지를 이야기하였습니다.

첫째, 먹고 입고 살고 싶은 수준에서 조금은 부족해 보이는 듯한 재산

둘째, 모든 사람이 칭찬하기에는 약간 부족한 용모

셋째, 자신이 생각하는 것보다 사람들이 절반밖에 알아주지 않는 명예

넷째, 남과 겨루어 한 사람은 이겨도 두 사람에게는 질 정도의 체력

다섯째, 연설을 듣는 청중의 절반 정도만 박수를 보내는 말솜씨

위 5가지의 공통점은 바로 약간의 부족함입니다. 즉 지나친 욕심은 삶을 오히려 불행하게 만들 수 있으니 자신에게 주어진 현실을 겸허히 받아들이고 만족하는 데서 행복을 찾으라는 말입니다.

그래서 계영배에 술을 70% 이상 따르면 술이 전부 빠져나간 것같이 우리 인생도 계영배처럼 약간 부족하게 살아가면 더 행복해질 수 있다고 생각합니다. 말하고 싶은 것의 70%만 말하고, 행동하고 싶은 것의 70%만 행동하고, 가지고 싶은 것도 70%만 가지는 것으로 만족할 줄 알아야 합니다. 넘치는 것은 모자람만 못하니 욕심과 자만심은 누르고, 내가 틀릴 수 있다는 생각으로 남의 말에 경청하고, 남의 좋은 의견은 받아들이고, 성공했을 경우 공을 나누는 그런 겸손의 자세가 효(HYO=Humanity between/of Young and Old)의 정신입니다. 이러한 효의 정신을 가지고 실천하며 살아갈 때 우리는 행복하고 성공한 인생이 되리라 믿습니다.

2.
나는 장차 무엇을 위해 살 것인가

내 나이 70을 훨씬 넘긴 나이입니다. 노인복지법에 의하면 65세부터가 노인이니 벌써 노인이 된 지도 10년 가까이 됩니다. 10대가 엊그제 같았는데 벌써 반세기가 훌쩍 지났습니다. 세월의 무상함을 새삼 느끼고 있습니다.

오늘날의 내가 건강하게 존재할 수 있도록 헌신적으로 힘써 주신 할머님은 오래전에 세상을 떠나셨고, 극진히도 생각해 주셨던 고모님도 세상을 하직하시니 세월의 무상함을 다시 느낍니다. 어릴 때는 언제 내가 어른이 되나 기다린 적도 있었지만, 이젠 앞으로 건강하게 살아갈 날이 얼마일까를 생각하는 나이가 되었습니다.

"그동안 당신은 무엇을 위해 살았습니까?" 하고 물으면 딱히 대답할 말을 찾기가 어렵습니다. 중학교 교사, 장기간의 유학 생활, 그리고 적십자사에서의 20년간 근무, 그 후 전문학교 학장 등의 이력을 생각해 볼 때 뚜렷이 이렇게 살았다고 내놓을 만한 게 없습니다. 오히려 처음부터 한 직장에서 계속 근무하며 주경야독을 하였더라면 지금보다 더 나은 삶이 되지 않았을까 하는 생각도 듭니다.

4대가 함께했던 대가족의 장남이자 장손이었기에 다른 가족 구성원의 어려운 처지를 먼저 배려하면서 나 자신의 발전을 위해 노력해도 좋지 않았을까? 이것저것 하다 보니 직장도 안정되지 못하고 경제적으로는 계속 어려웠으며 한 분야에서 전문가가 되지도 못한 것을 후회한다는 말이지요.

우리나라 속담에 '우물을 파도 한 우물만 파도록 하라.'는 말이 있지요. 한 가지라도 본인이 정확하게 밀고 나가면서 실천해야 성공한다는 사실을, 오래 사회생활을 하고 나서, 그리고 나이를 먹으면서 이제야 알게 되었습니다.

그동안 거쳐 온 직업을 살펴보니 다른 직업에 비해 말을 많이 하고 글도 쓰면서 남들을 가르쳐 온 것 같습니다. 그런 일에 약간의 재능을 가진 것 같지만 그리 특출하지는 않은 듯

합니다. 학교 교사로 출발한 나의 삶이었지만, 크게 내세울 만한 전문 분야나 저서도 없습니다. 아마 한곳에 몰두하였다면 지금보다는 훨씬 나은 삶이 되었겠지요.

나는 한평생을 집안의 장남이자 장손으로 집안 어른들의 헌신적인 보살핌 속에 성장하였습니다. 그러나 인간으로서 가장 기본적인 어른에 대한 효도도 제대로 하지 못하고 뚜렷이 내세울 만한 것도 없는 나! 지난 세월은 그렇다 치더라도 오늘 현재 나는 무엇을 위해 살고 있는지 자문자답해 봅니다.

어른들을 향한 효(HYO=Humanity between/of Young and Old) 정신의 실천은 인간이라면 마땅히 가야 할 길이라는 확신을 가지고 있습니다. 그 길이 한 인간을 행복하게 하고, 가정·사회·국가를 안정되게 한다는 믿음을 가지고 있으며 나의 소명이라 여기고 있습니다.

앞으로 남은 인생은 모든 시간과 열정을 바쳐 나의 소명인 효 정신을 주위에 널리 알리고 실천하는 일에 온 힘을 다하리라고 다짐합니다. 어느 특정 대상이 아닌 모든 계층의 남녀노소男女老少에게 말입니다. 우리 개개인의 인간들이 행복하고 성공적인 삶을 살아가는데 일조하고 싶은 마음뿐입니다.

3.
노년에 대가가 된 모지스^{Mosies} 할머니

미국의 일리노이대학 사회심리학 교수인 '닐 로즈'_{Neal Roese, Ph.D., Associate Professor of Psychology at the University of Illinois} 박사는 1989년부터 2003년 사이 이루어진 일련의 연구에서 모든 연령대의 성인들에게 "만약 과거로 돌아가서 삶을 다시 산다면 무엇을 다르게 하고 싶습니까?"라는 질문을 했습니다. 응답자 중 37.4%가 학업과 자기 개발로 답했고, 사랑과 인간관계 15%, 자녀 양육 11%로서 조금은 의외의 결과가 나왔습니다.

'닐 로즈' 박사의 분석에 따르면 인간의 뇌는 결혼이나 자녀 양육처럼 다시 되돌리기 어려운 일보다, 학업처럼 조금만 노력하면 할 수 있었던 일을 하지 않았을 때 더 많은 후회를 하게 된다는 것입니다. 또한 그의 저서 《If Only: How to turn Regret into Opportunity(후회를 기회로 바꾸는 방법)》에서 "후회는 유익하고 좋은 것"이라며 '후회를 두려워하지 말고 즐기라.'고 말하고 있습니다. 즉 후회가 "자기 자신을 알기 위한 과정"이며 "우리를 변화시키고 향상시키는 힘을 가지고 있다."고 주장하고 있습니다.

나이 들어 하는 공부는 어릴 때의 공부와 다릅니다. 나이 들어서 스스로 깨닫고 하는 공부는 인생의 참된 의미를 느끼게 해 주는데, 이유는 남이 시켜서 억지로 하는 공부가 아닌 자신이 좋아서 하는 공부이기 때문입니다. 학창 시절에는 시험을 보기 위해 국·영·수를 주로 했지만 나이 들어서는 내가 알고 싶은 것을 공부하면 되기 때문입니다. 세상에 대해 공부해도 좋고, 사람에 대해서 알아 가는 공부를 할 수도 있습니다. 분재를 공부할 수도 있고, 내가 의사가 아니어도 건강 전문가가 될 수 있습니다. 공부하는 과정 속에서 진정 나의 본 모습을 찾아가는 기쁨을 누리다 보면 평생 가야 할 길을 찾을 수도 있습니다.

95세 생일을 맞이한 어느 노인에게 한 청년이 물었습니다.
"할아버지, 지금까지 살아오시면서 가장 후회스러웠던 일은 무엇이세요?"
노인은 다음과 같이 말했습니다.

"나는 젊었을 때 정말 열심히 일했습니다. 그 결과 나는 실력을 인정받았고 존경을 받았습니다. 그 덕에 65세 때 당당한 은퇴를 할 수 있었죠. 그런 내가 30년 후인 95살 생일 때 얼마나 후회의 눈물을 흘렸는지 모릅니다. 내 65년의 생애는 자랑스럽고 떳떳했지만 이후 30년의 삶은 부끄럽고 후회되고 비통한 삶이었습니다. 나는 퇴직 후 이제 다 살았다, 남은 인생은 그냥 덤이라는 생각으로 그저 고통 없이 죽기만을 기다렸습니다. 덧없고 희망이 없는 삶. 그런 삶을 무려 30년이나 살았습니다. 30년의 시간은 지금 내 나이 95세로 보면. 거의 3분의 1에 해당하는 기나긴 시간입니다. 만약 내가 퇴직을 할 때 앞으로 30년을 더 살 수 있을 거라고 생각했다면 난 정말 그렇게 살아오지는 않았을 것입니다. 그때 나 스스로가 늙었다고, 뭔가를 시작하기엔 늦었다고 생각했던 것이 큰 잘못이었습니다. 나는 지금 95살이지만 정신이 또렷합니다. 앞으로 10년, 20년을 더 살지 모릅니다. 이제 나는 하고 싶었던 어학 공부를 시작하려 합니다. 그 이유는 단 한 가지, 10년 후 맞이하게 될 105번째 생일날! 95살 때 왜 아무것도 시작하지 않았던가를 후회(後悔)하지 않기 위해서입니다."

노인은 회한에 잠겨 말끝을 흐렸습니다.

95세 노인의 인생에서 가장 후회스러운 것이 '첫사랑과 결혼하지 못한 것'이나, '돈을 많이 못 번 것'이 아니라, '어학 공부를 하지 않은 것'이었음을 생각해 보자고요.

지금은 고령 사회가 아니라 장수 사회로서 과거 30년쯤 일하고 적당한 노후 생활을 즐기던 때와 달리 30년쯤 일하고도 그 후 20년-30년은 더 일할 수 있도록 바뀌고 있습니다. 즉 두 번째의 인생을 살아야 하는 전대미문前代未聞의 사회입니다. 그러니 나이가 든다는 것에 대해서는 전혀 다른 생각과 전략이 요구됩니다. 지금 60대-70대 중 힘이 달려서 일을 못하는 사람은 거의 없습니다. 나이가 들어서 할 일이 없으면 우울증이 오지만, 할 일이 있으면 수입을 떠나 행복할 수 있습니다. 이러기에 요즘 고민거리인 저출산으로 인한 생산 인구의 감소를 고령자 활용에서 찾는 발상의 전환도 필요합니다. 우리 자신부터 고령자는 일에서 은퇴한 어르신이라는 고정 관념에서 벗어나 두 번째의 인생을 잘 살아갈 수 있는 방법을 전혀 새로운 관점에서 연구해야 할 때입니다. 즉 인간이면 누구에게나 닥치는 나이가 든다는 게 벌罰과 죄罪가 되지 않도록 장수 사회에서 두 번째 인생을 제대로 활용하도록 해야 할 것인데, 그러기 위해서는 개인이나 사회가 방

안을 강구하는 노력을 아끼지 말아야 할 것입니다. 특히 노년은 직관과 지혜가 농축된 소중한 정신 문화유산이며, 후세 사람들에게 귀중한 통찰을 제공한다는 것도 명심해야 합니다.

미국의 대표적 경영학자인 '피터 드러커'Peter Drucker, 1909년-2005년 박사는 평생 학습을 해야만 생존이 가능한 '평생학습사회'를 주창한 바 있습니다. 너무나 당연한 말이라서 와닿지 않을지 모르지만 엄청난 속도로 변하는 세상에서 끊임없이 공부하지 않는다면 뒤처질 것은 또한 당연하지 않을까요? 지금보다 변화 속도가 느렸던 과거에도 인생의 중년인 40대가 되어서 비로소 공부에 뜻을 두고 인생을 역전시킨 사람들은 동서고금을 막론하고 매우 많습니다. 정신분석학의 창시자인 오스트리아의 '지그문트 프로이드'Sigmund Freud, 1856년-1939년는 신경과 의사였지만 40세에 심리학 공부를 시작하여 의학과 심리학을 넘나드는 대가로 인정받게 되었습니다. 동화책 《슈렉Shrek》이 애니메이션 영화로 만들어져 큰 인기를 누렸던 미국의 만화가·삽화가·동화작가인 '윌리엄 스타이그'William Steig, 1907년-2003년가 동화작가의 길을 걷기 시작한 것은 그의 나이 61세 때였습니다.

캐나다 토론토에서 2011년 10월 16일에 개최된 '워터프론트 마라톤대회'에서 8시간여 동안 달린 끝에 최하위로 완주에 성공하여 세계 최고령 마라토너로 '기네스북'에 등재된 100세의 인도 출신 영국인 '파우자 싱'은 "젊은이들이 나이는 인생의 걸림돌이 아니라는 사실을 알게 됐으면 좋겠다."는 소감을 밝혔습니다. 89세에 마라톤을 시작했다는 그는 이미 8차례 풀코스 완주 기록이 있으며, 지금도 매일 16Km씩 달린다고 하는데 이는 나이는 숫자에 불과하다는 것을 잘 보여 주고 있습니다.

다음은 1961년 세상을 떠난 미국의 국민화가 '모지스 할머니'Grandma Mosies, 1860년-1961년의 이야기로, 노년의 변신으로 더 극적이고 성공적인 삶을 살다 간 예를 보여 주고 있습니다.

모지스 할머니는 평범한 시골 주부로 그야말로 현모양처였습니다. 작은 농장을 꾸려 가며 10명의 자녀를 낳아 5명을 잃고 남편까지 죽자 삶의 모진 풍상을 다 겪은 할머니는 자수에 몰입해서 실의를 달래면서 시간을 보냈습니다. 그녀는 72세 때 오랜 노동으로 손가락 마디의 관절이 닳은 퇴행성 관절염 때문에 더 이상 바늘을 듣지 못하게 되자 아름다움에 대한 추구를 포기하지 않고 대신 붓을 잡았습니다. 76세 때부터 그림을 그리기 시작해서 시골의 가게에서 사 갈 정도가 됐지요. 우연히 수집가 '루이스 칼더'가 시골 구멍가게 창가에 걸려 있는 그녀의 그림을 사 갔고, 이듬해 미술 기획가 '오토 칼리어'가 할머니의 그림을 뉴욕의 전시관에 내놓으면서 '모지스 할머니'는 일약 스타 화가로 도약합니다. 그리고 80세에 첫 개인전을 시작으로 유럽과 일본 등 세계 각국에서 '모지스 할머니'의 전시회가 열렸습니다. '모지스 할머니'는 30년 가까이 밝은 그림을 그리다가 101세로 세상과 이별하기 전까지 붓을 놓지 않았습니다.

'모지스 할머니'는 그리운 옛날의 추억을 담은 19세기 말과 20세기 초의 미국 시골의 풍경을 천진난만天眞爛漫하게 그렸으며 그래서 그녀의 화풍은 단순하면서도 밝습니다. 아마 모진 풍상을 겪으면서도 노년에도 간직한 그녀의 밝은 심성을 반영한 것이 아닐까요?

미국 제33대 대통령인 '해리 트루먼'Harry Truman, 1884년-1972년은 1949년 그녀에게 '여성 프레스클럽 상'을 선사했고,

1960년 '넬슨 록펠러'Nelson Rockefeller, 1908년-1979년 뉴욕주 지사는 그녀의 100번째 생일을 '모지스 할머니의 날'로 선포했습니다.

72세에 붓을 잡기 시작하여 국민 화가까지 된 '모지스 할머니'를 보면서 나이를 떠나 꿈과 희망과 도전을 생각합니다. 우리들은 무슨 꿈과 희망을 펼쳐 볼까요? 성공은 어느 날 갑자기 찾아오는 것이 아니라 노년에도 자신의 본모습을 찾아가는 노력의 산물입니다.

간절히 원하는 것을 이루기에 적절치 않은 환경, 늦은 나이는 없는 것 같습니다. '모지스 할머니'는 72세의 나이에 붓을 들었습니다. 나이 들어 하는 공부가 진정 나를 찾는 길이라는 것을 보여 주고 있습니다. 여러분! 이제는 나이 때문에 어쩔 수 없다고 '꿈'을 접으시렵니까? 미국 소설가 '마크 트웨인'Mark Twain, 1835년-1910년이 남긴 "앞으로 20년 후 당신은 저지른 일보다는 저지르지 않은 일에 대해 더 후회할 것이다. 지금 당장 안전한 항구에서 밧줄을 풀고 항해를 떠나 탐험하고, 꿈꾸며, 발견하라."는 말은 많은 의미를 던지고 있습니다. 나이 때문에, 이미 노년 길에 들어섰기 때문에 못 이룰 꿈은 없습니다. 언제 떠날지 모르는 우리이기에 안 하면 후회하게 될 뭔가를 시작해 보실까요? 지금 당장 시작해야 할 여러분의 꿈은 무엇입니까?

4.
무항산 무항심 無恒産 無恒心

내가 제일 좋아하는 경구는 '무항산 무항심無恒産 無恒心'입니다. 이 말은 《맹자孟子》〈양혜왕상편梁惠王上篇〉에 나옵니다. 맹자가 제선왕齊宣王이 정치에 대해 물었을 때 이렇게 말했습니다. "일정한 살림이 없어도 떳떳한 마음을 가지는 것은 오직 뜻있는 선비만이 가능한 일입니다. 백성들은 떳떳한 살림이 없으면 따라서 떳떳한 마음이 없게 됩니다. 참으로 떳떳한 마음이 없어지게 되면 방탕, 괴벽, 부정, 탈선 등 모든 악을 저지르게 됩니다. 그들이 죄를 범하게 된 뒤에 법으로 그들을 처벌한다는 것은 곧 백성을 그물질하는 것과 같습니다. 어떻게 어진 임금이 위에 있으면서 백성들을 그물질할 수가 있겠습니까?"

우리 속담에 "곳집이 차야 예절을 안다."는 말에 부합하는 말입니다. 항심이란 말은 우리가 많이 쓰고 있습니다. 변하지 않는 언제나 지니고 있는 떳떳한 마음이란 뜻입니다.

 내가 이 말을 좋아하게 된 것은 할머님이 돌아가신 후부터입니다. 조그만 남의 집 셋방에서 돌아가시며 '지나온 삶이 지옥 같다.' 하시던 말씀이 지금도 내 귀에 생생합니다.

 이는 인간의 기본적 생활이 되지 않으니 저절로 나오신 말씀입니다. 조그만 방에서 기본적인 의식주가 안 되니 삶이 감옥 같고 항상 지옥에서의 탈출을 꿈꾸고 계셨을 것입니다. 결국 지옥에서 탈출 못 하시고 조그만 골방에서 돌아가시었습니다.

 즉 생활에 필요한 소득이 생기는 일이 없으면, 항상 같은 마음을 지니기 어렵다는 말입니다. 나의 지나온 인생길을 생각해 보니 꾸준히 생기는 일정한 소득이 없으면서, 학력이란 덫에 걸려 명색이 남들이 좋다는 학교의 학위 얻기에 모든 무리수를 두며 지나온 인생길이었습니다. 그러다 보니 안정적 생활이 안 되니, 각종 무리수를 두게 되고 안정적으로 사회 활동도 할 수 없었습니다. 특히 나를 키워 준 할머니에게 한 번도 효도를 못하였고….

다시 인생길이 주어진다면 나에게 맞는 직업을 찾아 꾸준히 종사하며 밤에는 직업과 연관된 공부를 하고 싶습니다. 이러면서 인간 도리도 하며 나의 인생 꿈을 차근차근 이루어 나가고 싶습니다.

나는 지금도 후세들에게 인생 상담을 해 줄 때도 자기의 의식주를 해결해 주는 직업을 가지며 꾸준히 공부하라고 충고해 주고 있습니다. 나는 70대지만 이제야 발견한 나의 길을 죽을 때까지 꾸준히 갈 작정입니다. 하는 일이 있어 늙었다는 생각이 들지 않도록 나의 인생 후반전을 가치 있게 보내고 싶습니다.

5.
부모·자식 간 신뢰와 명문 가정

　현재 오늘을 살아가고 있는 우리 모두는 20세기와 21세기의 두 세기를 걸쳐 살아가는 행운아들입니다. 새로운 21세기에 들어서 한국이 당면한 새로운 현상들이 많이 있지만, 여러 현상 중 최근 국가의 중요 기관에서 한국 사회가 당면한 시급히 극복해야 할 문제를 우리 국민들에게 설문 조사한 결과 북핵 문제나 경제 문제보다 첫째로 가정 붕괴, 둘째로 도덕성 상실, 셋째로 집단 간의 갈등을 들었습니다. 이러한 문제들은 정신적·도덕적 가치를 중요시하기보다 물질 만능주의의 팽배에 원인을 찾을 수 있을 것입니다.

　우리는 반만년 역사를 자랑하고, 배달민족의 우수성을 고취하려 들고 있습니다. 그러나 민주 사회 시민으로서의 극히 상식적인 가르침을 소홀히 하고 있습니다. 오늘같이 정신적 가치관이 망가진 시대에, 이기심과 물질주의로 병들어 가는 시대에, 우리가 먼저 가르치고 본을 보여야 할 바는 평범하고도 상식을 존중하는 인간입니다. 즉 이웃을 배려하고, 다른 사람에게 피해를 주지 않으려고 마음을 쓰는 조화·소통·배려의 정신, 사랑·봉사·신뢰의 정신, 긍정·낙관·희망과 꿈을 가르치는 교육입니다. 이는 다른 말로 표현하면 인도人道의 정신이고, 인仁의 정신이고, 효孝의 정신입니다.

효(HYO=Humanity between/of Young and Old)는 부모와 자식, 노인과 젊은이, 남자와 여자, 남편과 아내, 직장에서의 상사와 부하 간에 조화를 통한 인도人道 정신의 실천을 뜻합니다. 즉 인간의 생명과 존엄성을 인정하며, 모든 사람이 평등한 위치에서 공존·공영하며 조화롭게 살아야 한다는 정신 즉 인간은 인간답게 서로 대우하면서 함께 잘 살아야 한다는 뜻이 인도의 정신이자 효(HYO)의 정신입니다.

오늘날같이 인간의 가치가 점점 희박해지는 시대에 우리 인간이 살아남기 위해서는 인본주의·인도주의·인간중심주의는 더욱 요구될 것이며, 이를 실천하고 구현하는 게 오늘날을 살아가는 우리의 사명이며 나아갈 방향이라고 생각합니다. 이의 근본이 효 교육입니다. 특히 가정으로부터의 효 교육과 품성·인성 교육이 매우 중요합니다.

한국의 효에 대한 다른 나라 위인들이 언급한 예는 매우 많습니다. 그중 두 사람의 언급만 예로 들고자 합니다. 영국의 세계적 역사학자인 토인비 박사Toynbee, 1889년-1975년는 "장차 한국 문화가 인류 문명에 기여할 것이 있다면 그것은 홍익인간 정신에 바탕을 둔 효 사상일 것이다."라고 말했습니다. 또한 인도의 시인 타고르Tagore, 1861년-1941년는 "일찍이 아시아의 황금 시기에 빛나던 등불의 하나인 코리아, 그 등불 다시 한번 켜지는 날에 너는 동방의 밝은 빛이 되리라."라고 말했습니다.

인류 역사상 훌륭한 지도자를 키워 낸 명문 가정은 효 교육·품성 교육·인성 교육을 통한 가치 창조로 독특한 가치와 전통을 가지고 있습니다. 명문 가정으로 가기 위해서는 자녀를 학원에 보내는 것보다, 부부가 서로 사랑하고 행복하게 사는 모습을 보여 주면서 어른을 공경하는 모습을 보여 주는 것 이상의 교육은 없습니다.

효 교육을 받고 자란 사람은 생각이 깊어 어린아이라도 남을 배려합니다. 그래서 어린아이지만 '훌륭한 집안에서 어른들로부터 잘 교육받고 자랐다.'는 말을 듣게 됩니다. 효 교육이 없는 집에서 자란 아이들은 이기적利己的이어서 자기밖에 모르면서 남을 생각하지 않고 욕심을 내게 됩니다. 그래서 훌륭하게 자녀를 성장시키려면 부모부터 효를 실천하여 자녀의 본보기가 되는 게 가장 훌륭한 자녀 교육입니다.

특히 아래의 이야기는 먼 옛날의 이야기지만 부모와 자식 사이라도 조그만 약속이라도 지키는 효와 인도 정신인 신뢰信賴만큼 중요한 교육이 따로 없음을 보여 주고 있습니다.

어느 날 공자孔子, BC 551년-BC 479년의 제자인 증자曾子, BC 506년-BC 436년의 아내가 시장 나들이를 가려고 하였다. 그러자 아이가 엄마를 따라가겠다고 보채는 것이었다. 날씨는 덥고 할 일은 많은데 그 복잡한 시장 바닥에서 아이를 챙기기도 어렵고 행여 잃어버리기라도 하면 낭패라는 생각이 들어 아이를 집에 있으라고 달랬다. 그러나 이렇게 달래고 저렇게 얼러도 아이가 영 받아들일 기색이 없는 것이었다. 그때나 지금이나 엄마를 따라가겠다고 나서는 자식을 떼어 놓는 일은 여간 난감한 일이 아니다. 급기야 홧김에 그랬는지 엄마가 이런 약속을 하였다.

"애야, 울지 않고 잘 놀면 내가 돌아와서 돼지를 잡아 삼겹살을 구어 주마."

어찌 됐는지 아이는 그 말을 듣고 울음을 그치고 잘 놀았다. 그리고 그 아이의 엄마는 일을 마치고 유쾌하게 집으로 돌아왔다. 집에 들어서자 아이의 아빠인 증자(曾子)는 돼지를 묶어 놓고 잡을 채비를 하고 있는 게 아닌가! 놀란 증자(曾子)의 아내가 물었다.

"아니, 무슨 잔치할 날도 아닌데 돼지는 왜 잡는 거요?"

"당신이 아이에게 집에 오면 돼지를 잡아 주겠다고 약속을 하지 않았소! 약속을 했으니 지켜야지요."

"아니 그거야 그냥 아이가 하도 울어서 해 본 소리지, 어떻게 아이를 달래느라고 한 말을 곧이곧대로 지킨다는 말이오!"

"아이는 장난으로 들은 게 아니오. 아이란 본래 어른의 말을 곧이곧대로 듣고 그대로 믿는 것이오. 이제 당신이 아이를 속이면 아이는 엄마를 믿지 않게 될 것이고 그렇게 되면 어찌 아이를 가르칠 수 있겠소?"

그러고는 돼지를 잡아 아이에게 먹였다.

신뢰(信賴)란 서로가 믿고 의지하는 관계로서 거울과 같아서 한 번 깨져 버리면 아무리 강한 접착제를 사용해서 때운다

해도 본래의 상태를 회복하기는 어려운 일입니다. 위의 이야기는 가정에서의 부모와 자식 간의 신뢰信賴는 다른 무엇으로도 대신할 수 없는 중요한 덕목德目이자 교육이라는 것을 보여 주고 있습니다.

 우리나라가 물질만이 아닌 정신 면에서도 선진 국가가 되기 위해서는 가정에서부터 우리만의 품성·인성 교육 즉 효(HYO) 교육를 통한 새로운 가치와 전통을 창조해야 합니다. 대한민국은 예로부터 동방예의지국東方禮義之國으로 세계적으로 명성이 자자했습니다. 효 교육을 통한 효의 브랜드화를 위하여 K-POP, K-의료, K-국악 등 한류 열풍에 K-HYO도 합류한다면 우리만의 깊은 정신세계인 효 문화를 세계에 알려 명실상부한 세계 속의 지도 국가가 될 수 있을 것이고 전 세계인들이 우리나라로 와서 효 교육을 받고자 할 것입니다.

 날로 신뢰信賴 정신이 메말라 가는 현재 우리의 가정이 인도人道 정신과 효(HYO) 정신으로 충만하여 남편과 아내, 부모와 자식 간에 신뢰信賴가 쌓이면 쌓일수록 우리 사회도 믿음과 신뢰가 넘치는 행복한 사회가 되리라 믿습니다.

6.
선진 국가와 효孝 교육의 중요성

　미국 예일대학교Yale University의 유명한 서양사 교수인 폴 케네디Paul Kennedy는 한국에 와서 강연하면서 21세기의 주역이 될 민족에게는 다음 세 가지가 필수적이라는 말을 한 적이 있습니다.

　첫째는 높은 수준의 민주주의가 있고, 둘째는 높은 수준의 도덕이 있고, 셋째는 높은 수준의 생산성이 있는 민족이어야 한다는 것입니다. 이러한 세 가지 면에서 우리 한민족은 21세기의 주역이 충분히 될 수 있다고 믿으면서, 이 세 가지는 선진 국가가 되기 위하여 추구해야 할 방향이라고 생각합니다.

　첫째로 높은 수준의 민주주의 면에서 살펴보고자 합니다.
　민주주의는 다른 어떤 정치 이념이나 정치 철학보다도 유능한 인재를 가장 효과적으로 동원할 수 있기 때문에 전체주의나 권위주의보다 능률적이고 효과적입니다. 어지러운 현대사의 소용돌이 속에서 짧은 기간에 피와 땀과 눈물로 민주주의를 체험하고 터득하고 높은 수준으로 발전시킨 국가는 우리 한국뿐이기 때문에 21세기에는 다른 나라들도 한국을 본받으리라 생각합니다.

둘째로 높은 수준의 도덕적 면에서 살펴보고자 합니다.
인류 역사를 통하여 도덕적으로 우수한 민족만이 그 도덕이 우수한 동안 번영을 누렸고 문화 창조에 새로운 활력을 불어넣었던 사실을 부인할 수 없습니다. 고대의 아테네나 로마제국에도, 대영제국에도, 현재의 미국에도 적용되는 대원칙입니다. 이런 측면에서 한국만의 효 전통은 도덕적 면에서 우리에게 엄청난 가능성을 주고 있습니다. '가장 높은 수준의 도덕' 면에서 그 어떤 나라도 한국을 따라 올 수는 없습니다.

셋째로 높은 수준의 생산성 면에서 살펴보고자 합니다.
민주주의를 실천하고 계속 발전시키는 나라, 가장 높은 수준의 도덕을 실천하기 위하여 계속 노력하는 나라, 세계에서 가장 정직하고 가장 사랑이 차고 넘치는 한국인이 철저한 민주적 질서 속에서 최선을 다하여 도덕적 실천 속에서 땀 흘려 일한다면 한국이 21세기에 가장 생산성이 높은 나라가 되리라는 것은 의심의 여지가 없습니다. 이러한 사실은 현재 전 세계의 경제 위기 속에서도 위기를 극복하고 있는 사례가 잘 보여 주고 있습니다.

위에 열거한 21세기의 주역이 될 민족이 되기 위하여 갖추어야 할 높은 수준의 민주주의, 높은 수준의 도덕성, 높은 수준의 생산성을 갖추기 위한 기초 예절 교육 즉 효 교육을 생각해 보고자 합니다.

한국인은 민첩하고 상냥하고 진취적인 기상을 지닌 국민들입니다. 세계의 많고 많은 민족, 국민들 사이에서 두드러지게 장점을 많이 지닌 국민입니다. 그러나 한 가지가 부족하여 21세기의 주역이 되기 위한 선진 국가의 수준에 이르지 못하고 있습니다. 훈련이 부족한 점입니다. 여기서 훈련이라 함은 고난도의 훈련을 말하는 것이 아니고, 기초 생활에 필요한 단순한 훈련을 일컫습니다. 예를 들어 교통질서 지키기, 줄 서서 기다리기, 담배꽁초 버리지 않기, 휴지통에 휴지 버리기 등과 같은 기초적인 훈련입니다.

사람과 사람이 부딪치며 함께 살아가는 공동체 생활에는 공중도덕이 대단히 중요합니다. 그런 공중도덕 지키기는 하루아침에 습득되어지는 것이 아닙니다. 어린 시절부터 가정에서, 유치원에서, 학교에서, 직장에서 온 몸으로 익혀 가는 훈련을 하여야 합니다. 서양이나 일본과 같은 선진 국가에서는 가정 교육이나 유치원 교육에서부터 기본 질서 지키기를 습관이 되도록 가르치고 있습니다. 그러나 우리는 가정이나 학교에서 사회생활에 꼭 필요한 기초를 가르치는 일에 소홀한 편입니다. 그래서 고등 교육을 받은 후에도 기초 예절을 지키지 못하는 일이 생깁니다.

　우리는 반만년 역사를 자랑하고, 배달민족의 우수성을 고취하려 들고 있습니다. 그러나 민주 사회 시민으로서 극히 상식적인 기초 예절의 가르침을 소홀히 하고 있습니다. 오늘같이 이기심과 물질주의로 병들어 가는 시대에, 도덕적 가치관이 망가진 시대에 우리가 가정, 학교, 직장에서 먼저 가르치고 본을 보여야 할 바는 평범하고도 기초 예절을 존중하는 인간 교육입니다. 즉 이웃을 배려하고, 다른 사람에게 피해를 주지 않으려고 마음을 쓰는 조화·화목·타협의 정신, 사랑·봉사·신뢰의 정신, 긍정·낙관·희망과 꿈을 가르치는 기초 예절 교육입니다. 다른 말로 표현하면 인도人道의 정신이요, 인仁의 정신이고, 효孝의 정신입니다.

즉 효(HYO=Humanity between/of Young and Old)는 부모와 자식, 남편과 아내, 노인과 젊은이, 부하와 상사, 남자와 여자, 보수와 진보, 물질과 정신 등의 조화를 통한 인도 정신의 구현입니다. 그래서 한국의 가정 교육과 학교 교육은 효(HYO)에 바탕을 두어야 한다고 생각합니다.

성공한 사람들만을 위한 소수의 세상이 아닌, 공정한 평가와 경쟁을 통하여 성공할 수 있는 세상을 위하여 한민족 고유의 정신인 홍익인간 정신 즉 효 정신의 구현을 위한 효 교육이 가정과 학교에서 어느 때보다 필요한 시점입니다. 효 교육을 통하여 한국 혼을 일깨우는 운동에 우리 한국민 모두가 적극적으로 참여할 때 현재 우리가 처한 위기는 극복되고, 21세기에는 선진 국가와 선진 국민으로써 세계 속의 한 국민으로 우뚝 서리라 확신합니다.

7.
선택과 집중

달란트Talent는 하나님께서 우리들 각자에게 맡기신 재능입니다. 그래서 영화배우를 탤런트라 합니다. 연기의 달란트 곧 연기하는 재능을 부여 받은 사람들이란 의미에서입니다. 인간이 성공하려면 각자 자신에게 주어진 재능이 무엇인지를 깨달아 그 재능을 활용하고 실천하는 일에 전심을 다하여야 합니다. 그것이 자신에게 주어진 소명이자 책임입니다.

나는 30세 되던 해에 대학을 졸업한 후 수많은 방황을 거쳐 이제 효에 관한 소명에 충실하며 살아가고 있습니다. 그러나 효할 대상인 할머니는 안 계시지만 지나온 45년을 회상해 보면 모든 일에 감사할 따름입니다.

여러 가지로 부족하고 약점 많은 사람이 지금까지 어려움을 극복하고 삶을 감당하여 올 수 있었던 것은 지하에 계신 할머님이 나에게 베푸신 음덕으로 가능할 수 있었음을 고백하게 됩니다. 그래서 이제 남은 인생이나마 제대로 사람다운 일할 수 있기를 다짐하며 매일매일을 소중하게 여기며 보내고 있습니다.

 그런데 지난 45년을 돌이켜 보며 여러 가지 후회하고 반성하는 바가 있습니다. 나에게 주어진 재능을 충실히 사용하지 못하고 "시간과 정력을 낭비하였구나." 하는 후회입니다. 인간은 누구나 자신만이 가진 재능이 있습니다. 나에게는 가르치고 글 쓰는 달란트를 주셨습니다. 그런데 나에게 주어진 재능을 적재적소에 사용하지 못하고, 너무 산만하게 여러 가지 일을 하느라 나의 시간과 정력을 낭비하였습니다.

 모름지기 자기의 재능을 제대로 사용하려면 선택과 집중이 필수 조건입니다. 그런데 나는 내가 가야 할 길을 가지 못하고, 산만하게 여러 가지 일을 벌여 놓고, 그 일들을 감당하느라 세월을 낭비하였습니다. 그 점을 깊이깊이 반성을 하게 됩니다. 나에게 주어진 소명인 바른길로 가지 못하고 잘못된 길로 간 게 아니었던가 하고 반성을 하게 됩니다. 그래서 암 수술을 받은 후 새로운 다짐을 하며 제2인생을 살아가고 있습니다.

　앞으로 일할 수 있도록 주어진 시간이 길어야 20여 년 일 텐데, 나에게 주어진 재능을 잘 사용하고, 나에게 주어진 책임을 다하는 일에 선택하고 집중하여야겠습니다. 그래서 할머님을 다시 만나면 "그나마 할머니 돌아가신 후에는 잘 살았다."는 칭찬을 들을 수 있다는 다짐을 하며 살아가고 있습니다.

8. 안씨가훈顔氏家訓에 나온 행복

　가훈의 시조인 안씨가훈顔氏家訓은 험난한 시대를 살았던 아버지가 자식에게 남겨 준 인생의 지침서입니다. 자신을 반추하는 깊은 성찰의 깨달음을 파란만장한 삶을 살았던 중국 육조시대六朝時代 말기의 문학가 안지추顔之推, 531년-591년가 쓴 지침서는 아래와 같이 18편으로 나누어져 있습니다.

　1) 왜 이 가훈을 남기는가?
　2) 자식 가르치기
　3) 우애하라
　4) 첩을 들이지 말라
　5) 어떻게 다스릴 것인가?
　6) 바른 몸가짐
　7) 현자를 흠모하라
　8) 배움에 힘써라

9) 혼이 담긴 글쓰기
10) 명실상부한 인간이 되라
11) 한 가지 일에 능통한 사람
12) 한눈팔지 말라
13) 만족할 줄 알기
14) 싸움을 경계하라
15) 잘 살고 잘 죽기
16) 믿음을 지녀라
17) 예술과 오락을 즐기라
18) 삶을 잘 정리하라

나는 위 18가지 중 17번인 예술과 오락을 즐기라는 말이 가장 마음에 듭니다. 그 이유는 먼 1,500여 년 전에 어렵고 부족한 생활 속에서도 예술과 오락을 즐기라는 말 속에는 즐겨야 행복한 인생이라는 뜻이 스며 있기 때문입니다.

공자는 군자라면 가진 것에 만족하고 항상 즐거워해야 하며, '더 많은 것을 가지고자 하는 욕망'을 버려야 한다고 경고했습니다. 욕망은 또 다른 욕망을 부르기 때문에 물질을 바라보는 마음가짐이 더 중요하다는 것을 말해 주고 있습니다.

풍족한 오늘을 사는 우리는 너무 과욕을 부리지 말고 자기의 분수를 알고 조금 부족함 속에서도 가까운 사람과 예술과 오락을 즐기면서 자신의 행복을 누렸으면 합니다.

9.
정말 소중하고 중요한 것

 사람들은 정말로 소중하고 중요한 것이 무엇인지 모르고 살아갑니다. 늘 곁에 있을 줄만 알고 그 소중함과 중요성을 잊고 살아갑니다. 그러다 정작 자기 곁을 떠난 후에야 후회하고 아쉬워합니다.

 한번 자신의 주변을 둘러보세요. 무엇이 진짜 소중하고 중요한 것인지.
 진짜 소중하고 중요한 것을 찾았다면 더 늦기 전에 그 소중하고 중요한 것에 정성을 다해야겠지요.

 소중하고 중요한 상대방을 진심으로 위하는 마음이 있다면 그 사람이 좋아하는 것을 응원하고 지지해 주세요.

 상대방에게 관심을 가지고 싫어하는 말, 싫어하는 행동, 싫어하는 음식 등 상대방이 싫어하는 것을 가능한 피해 주세요. 그러면 훗날 후회하고 아쉬워하는 일이 적어지니까요.

2000년 캐나다 동부 도시 몬트리올에서 있었던 아래의 실화는 무엇이 가장 소중하고 중요하며 후회가 없는 일인지 우리에게 교훈을 주는 좋은 이야기입니다.

태어나 소년기를 벗어날 때까지 재혼한 양부모로부터 온갖 학대를 받으며 불우한 환경에서 자랐지만 청년기를 맞아 열심히 노력한 끝에 자수성가를 했고 결혼을 하고 아들까지 얻었고, 아빠가 된 그는 어릴 적부터 선망의 대상이자 삶의 목표였던 최고급 스포츠카를 구입했습니다. 그리고 가족보다 더 애지중지하며 관리했답니다. 그러던 어느 날, 차를 손질하러 차고에 들어가면서 이상한 소리가 들려 주변을 살펴보았습니다. 어린 아들이 천진난만한 표정으로 자신이 아끼던 최고급 스포츠카에 못으로 낙서를 하고 있는 광경을 보았습니다.
순간적으로 이성을 잃은 그는 자신도 모르게 치밀어 오르는 감정을 억제하지 못하고 그만 손에 잡히는 공구로 아들의 손을 가차 없이 내리쳐 버렸고. 손을 크게 다친 아들을 곧장 병원으로 데려가서 오랜 시간 동안 대수술을 했지만 결국 손을 절단해야만 했습니다.

수술이 끝나고 마취에서 깨어난 아들은, 넋을 잃고 앉아 있는 아빠에게 잘린 손을 부비며 눈물을 흘리며 빌었습니다.

"아빠! 다신 안 그럴게요! 아빠! 용서해 주세요!"

눈에 넣어도 아프지 않을 어린 자식의 아버지는 절망적인 심정으로 집으로 돌아와 차고에 주차해 놓은 자기 차 안에서 권총으로 자기 목숨을 끊고 말았습니다.

아버지가 마지막 본 것은 어린 아들이 스포츠카에다 못으로 남긴 낙서 자국이었습니다.

그 낙서의 내용은.

"I love my dad~ (아빠 사랑해요~)"

인간은 정말로 자신에게 가장 소중한 대상이 무엇인지 모르고 살아가다가 정작 잃거나 떠나보내고 나서야 후회하고 반성하고 통곡합니다. 그러나 그때는 이미 늦었으니 우리가 할 수 있는 방법은 없지요…. 즉 우리는 살아가면서 늘 내 곁에 있어 주니까 그 존재의 소중함을 잊고 살아가고 있다는 사실입니다. 한번 주변을 둘러보고 무엇이 진짜 소중하고 중요한 것인지 곰곰이 생각해 보세요.

진짜 소중하고 중요한 대상을 찾았다면 절대 놓치지 말고 최선을 다해 아껴 주고 사랑해 주세요. 아내가 차려 주는 정성 어린 밥상이 소중할 수도 있습니다.

"출장 잘 다녀오세요."라는 아들의 인사 한마디도 소중할 수 있습니다. "오늘 너무 피곤해 보인다." 하는 할머니의 걱정 어린 말씀 한마디가 얼마나 소중한지 아는 것 등 내 가까이에 존재하는 가장 소중하고 중요한 대상들이 너무너무 많습니다. 사람들은 무엇이 정말로 소중하고 중요한지를 몰라 많은 문제를 일으키면서 살아가고 있습니다.

돈으로는 도저히 살 수 없는 가장 소중하고 중요한 일들과 대상이 내 주위에 너무 많다는 사실과 그것들을 잊지 않으신다면 자신의 인생은 가치가 있으리라 믿습니다. 이럴 때 여러분의 영혼은 다시 깨어나고, 시간의 소중함과 인생의 가치도 재발견하리라 믿습니다. 위의 이야기는 자신에게 가장 소중하고 중요한 대상이 무엇인지를 망각하여 순식간에 돌이킬 수 없는 일을 저질러 불행의 나락에 떨어진 경우입니다. 그래서 자랄 때 효의 정신, 인도의 정신을 배우며 성장했다면 결과는 다르게 나타났으리라 믿습니다.

10.
좋은 관계가 행복을 만든다

 누구나 가치관은 다르지만 삶의 목적은 행복이라는 것에 대해 이의를 달 사람은 없으리라 생각합니다. 그러면 행복하려면 어떻게 해야 할까요?

 우리는 행복을 너무 크게 생각하지만 행복하려면 자기가 하는 일을 즐겨야 합니다. 의사나 변호사나 대기업 직장이 아니라도 하루에 조그만 일당을 받는 아르바이트를 하더라도 자기의 적성에 맞는 직업을 찾아 즐기면서 일하면 그게 행복이 아닐까요? 우리는 어릴 때부터 지금은 힘들고 어렵지만 참고 견디어 10년 후, 20년 후 남이 부러워하는 직업을 가지면 행복하다는 말에 세뇌가 되어 하루하루를 참으며 인고의 세월을 지내 왔습니다.

 그러면 20년 후 남들이 부러워하는 직업을 가지면 행복할까요?

행복은 습관이라고 20년을 행복하게 지내지 않은 사람은 남들이 선망하는 좋은 직업을 가지고 있다 하더라도 인생을 즐길 줄 모르고 살며, 무엇이 행복인지도 모르고 살아갑니다. 유엔이 발표한 '2020 세계행복보고서'에서 한국은 2019년보다 7단계 하락한 61위를 기록하여 60위권으로 밀려났습니다. 그래서 OECD 국가 중 행복지수가 최하위이며, 우리보다 못사는 나라보다 행복지수가 낮습니다. 저부터도 지금까지 참고 지내며 살아온 탓에 행복의 정의를 이제야 조금 알 것 같습니다.

그래서 자기의 선천 적성을 찾아내 그 길로 가야 그 일을 즐길 줄 알고 행복하게 살아가게 됩니다. 그게 진정한 행복이겠지요. 그래서 행복은 멀리 있지 않고 자기 자신 안에 있지 않을까요? 자기보다 더 많은 것을 소유한 사람들과 비교하지 말고 자기만이 가진 정체성을 찾아 생활하면 바로 그게 행복이라 생각합니다.

그러면 즐기려면 어떻게 해야 할까요?
즐기려면 관계가 좋아야 합니다. 관계라면 나와 타인과의 관계를 생각하지만 먼저 ①나 자신과의 관계를 잘 세워야 하고 ②나와 상대방과의 관계 ③나와 기타 삼라만상과의 관계, 즉 1인칭, 2인칭, 3인칭과의 관계를 잘해야 현재를 즐길 수 있습니다. 그중 제일 중요한 게 자신과의 관계입니다. 자신과의 관계를 잘하는 사람이 가장 행복하고 성공한다는 것은 역사상 많은 예가 잘 보여 주고 있습니다. 역사상 성인들 모두 자신과의 관계를 잘하여 성인이 된 것이지요….

예수, 석가, 공자, 마호메트 등 종교 지도자뿐 아니라 학계, 예술계, 스포츠계 등 모든 분야의 특출한 사람들은 자기가 하는 일을 자기만의 사명으로 알고 남이 무엇이라 하건 자기가 하는 일을 즐겨했기에 큰 업적을 남기며 성공하였습니다. 성공하기 전에 자기 자신은 항상 행복하게 살아왔겠지요…. 남이 볼 때는 불행으로 보였을지 모르지만 자신의 내면은 사명감이 있었기에 항상 행복하였으리라 생각합니다. 그래서 미국의 카네기 멜론대학에서 행복하고 성공한 사람들을 뽑아 연구한 결과 거의 90% 이상이 좋은 학벌과 가문 등보다 관계를 잘한 사람들이 행복하고 성공했다는 결과를 발표도 하였습니다.

관계 중에서도 매일 자기가 하는 일과 가정에서부터 관계를 잘해야 행복하지 않을까요? 그러면 어떻게 해야 관계를 잘할 수 있을까요?

 제가 조사한 바에 의하면 관계를 잘하는 사람들의 마음속에는 효(HYO)의 정신이 있었습니다. HYO는 Humanity between/of Young and Old로 풀어낼 수 있습니다. 즉 마음속에 인도人道의 정신을 가지고 실천했다는 것입니다.

 인도人道의 정의는 타인의 존엄성을 인정하면서 함께 잘 살아 보자는 뜻입니다. 우리 사회가 남을 꺾어서 자기만 잘 살 수 있다는 논리만 지배하면 그 사회가 정의로운 사회일까요? 그 사회가 따뜻하고 인정이 넘치는 사회가 될까요? 저는 개인적으로 우리 사회가 너무 많은 문제를 안고 있다고 생각합니다.

 다행히 많은 사람들도 그렇게 생각하여 최근 들어 인문학에 대한 관심이 증가한 것이라 생각합니다. 즉 돈만 많이 있으면 행복할 줄 알았는데 그렇지 못하니 항상 마음속이 공허하고 방황 속을 헤매는 것이겠지요. 그러니 자신이 바로 서지 못하니 가정이 바로 서지 못하고 더 나아가 사회와 국가가 바로 서지 못하는 것이지요.

 인도의 마음을 가지고 실천하여 성공한 사람들의 예를 들자면 역사상 수많은 사람들이 있습니다. 그중 한 사람인 남아프리카공화국에서 흑백 화합을 이루어 낸 '인권의 화신' 넬슨 만델라Nelson Mandela, 1918년-2013년 대통령이 한 아래 말은 인도가 무엇인지 우리에게 일깨워 주고 있습니다.

 "착한 머리와 착한 가슴은 언제나 붙어 다닙니다. 강철 같은 의지와 필요한 기술만 있다면, 세상의 어떤 불행도 자기의 승리로 탈바꿈시킬 수 있습니다. 사람 간에는 무엇을 가지고 태어났느냐가 아니라, 무엇이든 자기가 가진 것으로 무엇을 이루어 내느냐는 차이가 있을 뿐입니다."
 "눈에 보이고 의사가 고칠 수 있는 상처보다, 보이지 않는 상처가 훨씬 아픕니다. 남에게 모멸감을 주는 것은 쓸데없이 잔인한 운명으로 고통받게 만드는 것이라는 걸 나는 알았습니다."

 저의 짧은 글이 여러분의 인생을 행복하게 살아가는 데 조금이나마 도움이 되길 기대해 봅니다. 인간은 타인과의 만남을 통하여 성장하니 오늘도, 아니 매일매일 좋은 관계를 맺어 행복한 인생 되시길 빕니다.

11.
지나온 길 회상

나이가 70대가 되니 어린 시절이 꼭 어제인 것 같습니다.

10대 때는 남들이 좋다는 명문 학교에 가기 위해 암기 교육으로 세월을 보내다 보니 세상 물정에는 어둡게 보냈습니다.

20대 때는 국방 의무로 햇수로 4년간을 보내고 대학을 졸업하니 쏜살같이 지나간 기간이었습니다. 남들은 어려운 집안 형편에 고교 졸업도 제대로 못하고 생활 전선에 뛰어든 시대였습니다. 나는 정식 코스만 생각하고 내 주위 가족의 어려움을 생각지 못하고 서울대를 졸업하면 모든 게 해결될 줄 알고 서울대만을 목표로 하다 보니 원래 하고 싶은 전공을 못 하고 보낸 4년의 세월이었습니다. 즉 학벌 좋으면 성공한다는 믿음으로 학력의 덫에 걸려 귀중한 20대를 허송세월하고 말았습니다.

30대 초반 교직에 발령받았지만 만족치 못하고 방황만 하다 보낸 짧은 교직 기간이었으며 더 좋은 직장을 잡기 위하여 밤에는 교직과는 상관없는 고대 경영학 석사 과정을 하며 적은 봉급을 학비로 모두 지출한 시절이었습니다. 그렇다 보니 나를 키워 주신 할머니는 잊고 지낸 후회의 세월이 되고 말았습니다. 이제야 생각하니 이때부터 나의 인생이 꼬이기 시작한 것 같습니다. 한 가지 일에 몰두하며 같은 길로 가야 좀 더 안정되고 편안한 인생길이 되었을 것이고 최소한의 인간 도리를 하며 지냈을 것인데… 이제와 후회한들 한 번 지난 세월은 돌이킬 수 없으니 무슨 소용이 있으리요….

30대 중반 국제정치학을 하면 좋은 기회가 오리란 막연한 생각으로 홀로 유학을 하였지만 어려운 경제 환경, 비전공, 영어 실력 부족 등으로 박사 과정 수료만 하고 결국 우여곡절 끝에 40살에 교육학으로 박사 학위를 받았습니다.

40살이 되어 취득한 박사 학위는 학부와 석사 과정의 전공과는 다르기에 교수의 길로 가지 못하고 우여곡절 끝에 대한적십자사에 입사하여 20여 년 근무하게 되었습니다.

60대 초반 정년퇴직 후 3년간 짧은 전문학교 학장을 거친 후에야 교직 분야가 나의 천직임을 알게 되었습니다.

60대 중반을 넘긴 후 나의 인생길을 돌아보며 나를 있게 한 할머니와 주위 가족을 잊고 지내며 효를 못한 것을 통탄하였습니다. 그 후 효에 관한 공부와 글을 쓰다 보니 어언 70대 중반이 되었습니다. 지금은 '효와 행복'에 대한 강의와 칼럼을 쓰며 책을 발간하고 있습니다.

젊을 때는 느리게 간 것 같은 세월이 나이가 먹을수록 빨리 지나간 걸 이제야 알게 됩니다. 어릴 때 어르신들이 너도 곧 머리가 흰 노인이 될 거라는 말씀이 지금도 귀에 생생합니다. 그러나 지난 인생은 두 번 다시 되돌릴 수도 없으니 지나간 세월 후회해야 무슨 소용이 있으리오….

후회 없는 인생은 자기를 있게 한 가장 가까운 사람을 정성을 다하여 모시면서 자기만의 길을 가야 행복한 인생이 됨을 이제야 깨우치고 있습니다.

나 같은 후회스런 인생이 되지 않도록 후세들에게 나의 지나온 경험담을 알려 주며 좋은 길로 안내해 주는 게 나의 마지막 사명임을 마음속에 새기며 오늘도 열심히 살아가고 있습니다.

12.
행복의 비결

 세상 사람들은 행복하기 위해 자기에게 유익한 사람과 사귀며, 돈과 명예, 권력을 추구하며 살아갑니다. 그러면 행복합니까?

 정당한 노력 없이 일확천금을 바라는 투기와 주색잡기와 갖은 술수를 부리며 파당을 만들고 방탕에 빠져 살아가지만 마음은 항상 공허하고 허전합니다.

 지혜로운 사람들은 오늘의 나를 있게 한 가장 가까운 사람에게 먼저 자기의 본분을 다합니다. 그러할 때 행복한 삶을 살아가게 됨을 알기 때문입니다. 오늘도 쓸데없는 목표를 세워 잘못된 방향으로 가지 말고 효하며 살아가는 행복의 길로 가시기를 바랍니다.

그래서 날마다 가장 가까운 사람과 함께 행복하게 감사하며 사는 삶을 사시면 행복한 인생을 살았다 말할 수 있습니다.

13.
효와 인도^{人道} 자본주의

　널리 모든 인간을 이롭게 한다는 홍익인간弘益人間 정신은 우리나라의 개국 이념이자 교육 이념입니다. 대한민국의 건국과 더불어 헌법 전문에까지 부연敷衍 명시되어 있으며, 반만년의 역사적 정통성을 확립한 의의가 있습니다.

　교육기본법 제2조는 교육 이념에 대하여 "교육은 홍익인간의 이념 아래 모든 국민으로 하여금 인격을 도야하고 자주적 생활능력과 민주시민으로서 필요한 자질을 갖추게 함으로써 인간다운 삶을 영위하게 하고 민주국가의 발전과 인류공영의 이상을 실현하는 데에 이바지하게 함을 목적으로 한다."고 말하고 있습니다.

　홍익인간 정신은 우리나라의 건국 이념이긴 하나 결코 편협하고 고루한 민족주의 이념의 표현이 아닙니다. 기독교의

박애博愛 정신, 유교의 인仁, 불교의 자비심慈悲心과도 상통될 뿐만 아니라 현대적으로 말하자면 민주 복지 사회의 구현에 참여하는 실천 윤리로서의 이념을 함축하고 있다고도 볼 수 있습니다.

다시 말해 홍익인간 정신은 인간을 중히 여기는 인간존중, 풍요로운 삶과 선량한 마음, 다른 사람을 이롭게 하자는 이타주의, 널리 사람을 이롭게 하는 평등사상, 화평한 사회를 추구하는 인도주의를 포함하고 있습니다. 이것을 구체화하는 것이 효의 정신이고 인도의 정신입니다.

인간은 물질적인 것 이상의 목표를 위해서 살 때 인간으로서의 가치가 있습니다. 사회적 동물로서의 인간관계에서 가장 중요한 근본 원리는 공생 관계입니다. 공생을 위해서는 인도 정신, 즉 인간의 생명을 존중하고, 인간의 존엄성을 인정하며, 모든 사람이 평등한 위치에서 공존·공영하며 함께 잘 살아야 한다는 정신이 필요합니다. 사람을 사람답게 대우하면서 함께 살아가는 길이 궁극적으로 인도人道의 사회이자 효의 사회를 이루는 길입니다.

지나친 개인중심주의가 자아낸 가족 관계의 변질과 공동체의 와해 현상, 그리고 거기서 파생한 인간의 고독과 소외 등의 현실을 고려할 때 인간관계의 정상화를 위해서도 유교를 중심으로 한 인정(情)주의적인 인간 관계관과 사회관이 현재를 살아가는 우리에게 매우 중요한 지침이 될 수 있습니다.

동방예의지국이라 불리던 우리나라는 웃어른을 공경하고 형제간에 우애가 깊으며 아랫사람을 사랑하는 아름다운 전통 속에서 효를 근본으로 삼아 왔습니다.

그러나 서구 문화의 무분별한 유입과 산업화에 따른 사회 병리 현상이 만연되어 전통적인 인륜의 가치 질서가 흔들리고 갖가지 사회 범죄와 혼란을 야기하고 있습니다. 그뿐만 아니라 산업화로 인한 인구의 도시 집중으로 가족 형태가 대가족 제도에서 핵가족 제도로 변하면서 가정의 교육적 기능이 변화되었습니다. 가족 간의 대화가 부족하면서 가족 이기주의가 팽배해지고, 기본예절도 모르면서 개인 이기주의에 젖은 청소년이나 소외당한 노인 문제가 사회적으로 중요한 문제점으로 대두되고 있는 실정입니다.

이와 같이 정신적 가치관이 망가지고, 이기심과 물질주의로 병들어 가는 시대에, 우리가 먼저 가르치고 본을 보여야 할 바는 평범하고도 상식을 존중하는 인간입니다. 다시 말해서 이웃을 배려하고, 다른 사람에게 피해를 주지 않으려고 마음을 쓰는 조화·화목·타협의 정신, 사랑·봉사·신뢰의 정신, 긍정·낙관·희망의 정신과 꿈을 가르치는 교육이 필요한 것입니다. 이는 다른 말로 표현하면 인의 정신이고, 인도의 정신이고 효의 정신입니다.

현재의 자본주의에 병폐가 많다고 공산주의가 자본주의의 대안이 아님은 30여 년 전 공산주의 본산인 소련의 붕괴로 확인되었습니다. 말하자면 자본주의에 의해 공산주의가 무너진 것입니다. 공산주의가 붕괴된 가장 큰 이유 중의 하나는 사람들의 건강한 욕망을 억압하고, 풍족한 생활을 누리게 하는 기술이 부족했기 때문입니다.

그러니까 공산주의는 사람들의 욕망에 대한 심리를 제대로 파악하여 이를 충족시키려는 노력을 하지 않은 반면, 자본주의는 사람들의 욕망을 부추겨 이를 충족시켰습니다. 그러한 결과로 공산주의 체제에 살던 사람들이 가진 자본주의의 풍족한 생활에 대한 선망을 막지 못해 붕괴되었다고 볼 수 있습니다.

그러나 자본주의 또한 많은 문제점을 보여 주고 있습니다. 이에 대한 현실적 대안이 자본주의의 보완이며 이것이 나눔·감사·봉사 등 감성적 이성과 질적 가치에 중요성을 둔 'HYO(효) 자본주의' 즉 '인도人道 자본주의'입니다. 다시 말해 사회가 제대로 굴러가려면 소비를 원하는 욕망이 있어야 하고 이를 보완하는 것이 'HYO(효) 자본주의', '인도人道 자본주의' 개념 정립입니다.

이 주장은 데이비드 캐머런David Cameron, 1966년- 전前 영국 총리가 내걸었던 '따뜻한 자본주의', 이어령 전前 문화부장관의 '생명 자본주의', 혹자或者가 말한 '홍익 자본주의'와도 통합니다. 차가운 금융 자본주의를 '효를 통하여 인간의 온기가 넘치는 인도人道적 자본주의로 변화시키자'는 것입니다. 이것은 오늘의 시대정신으로 새롭게 부상한 소통·공감·통합·조화의 정신과도 통합니다. 그래서 소통과 공감이 충만한 사회, 사랑·봉사·신뢰가 쌓인 사회가 되려면 효, 즉 인도人道의 철학이 근본이 되는 사회가 되어야 합니다. 특히 가정에서의 효 교육과 인도 교육이 매우 중요합니다.

　불의의 방법으로 성공한 사람들만을 위한 소수의 세상이 아니라 공정한 평가와 경쟁을 통하여 성공할 수 있는 세상을 만들어야 합니다. 한민족 고유의 정신인 홍익인간 정신을 구심점으로 삼아 온 국민의 힘을 한 곳에 모으면 효 자본주의, 인도적 자본주의가 충만하면 현재의 많은 문제가 해결되리라 믿습니다.